Auxiliando a humanidade a encontrar a Verdade

A Parapsicologia
e os Discos Voadores

© 2013 – Conhecimento Editorial Ltda

A Parapsicologia e os
Discos Voadores
A. Moacyr Uchôa

Todos os direitos desta edição
reservados à
CONHECIMENTO EDITORIAL LTDA.
Rua prof. Paulo Chaves, 276 – Vila Teixeira Marques
CEP 13480-970 – Limeira – SP
Fone/Fax: 19 3451-5440
www.edconhecimento.com.br
vendas@edconhecimento.com.br

Nos termos da lei que resguarda os direitos autorais, é proibida a reprodução total ou parcial, de qualquer forma ou por qualquer meio – eletrônico ou mecânico, inclusive por processos xerográficos, de fotocópia e de gravação – sem permissão, por escrito, do Editor.

Revisão: Mariléa de Castro
Ilustração da Capa: Banco de imagens
Projeto Gráfico: Sérgio Carvalho

ISBN 978-85-7618-312-9 – 4ª Edição – 2013

• Impresso no Brasil • Presita en Brazilo

Produzido no departamento gráfico da
CONHECIMENTO EDITORIAL LTDA
Fone: 19 3451-5440
e-mail: conhecimento@edconhecimento.com.br

Dados Internacionais de Catalogação na Publicação (CIP)
(Angélica Ilacqua CRB-8 / 7057)

Uchôa, A. Moacyr.
    A Parapsicologia e os Discos Voadores / A. Moacyr Uchôa – 4ª ed. – Limeira, SP : Editora do Conhecimento, 2013.
    224 p. : il.

    ISBN - 978-85-7618-312-9

    1. Parapsicologia - pesquisas 2. Discos voadores I. Título

13-0994   CDD – 133.8

Índices para catálogo sistemático:
1. Parapsicologia

A. Moacyr Uchôa

Engenheiro civil – general – professor catedrático de Mecânica Racional da Academia Militar das Agulhas Negras.

A Parapsicologia
e os Discos Voadores

4ª edição
2013

Aos meus queridos pais — Alfredo e Idalina — cuja presença espiritual sempre me tem acompanhado nos momentos mais altos das experiências vividas.

A Yogarin, Sábio e Mestre que me vem inspirando e sustentando nesses vários anos de persistente dedicação à fascinante pesquisa.

Com amor, homenagem e reverência do autor.

A coisa mais nobre que podemos experimentar é o
mistério. – Ele é a emoção fundamental paralela ao
berço da verdadeira ciência. Aquele que não o conhe-
ce, que não mais pode cogitar, que não mais sente
admiração, está praticamente morto...

Albert Einstein

Há uma onda cósmica responsável pela formação
dos universos, do fluxo de vida e da consciência do
homem. Em nós mesmos, encontraremos, não poderes isolados, mas forças universais em ação. Como
em cima, assim é embaixo...

AMORC.

Sumário

Palavras iniciais para esta edição 13
Preâmbulo 26

Parte I
Introdução à problemática dos Discos Voadores

Capítulo I – Uma nova psicologia ou uma nova parapsicologia? ..33
Capítulo II – Do conceito de supranormal 36
Capítulo III – Da conjuntura parapsicológica do supranormal em parapsicologia 41
  A) Fenômenos de quantidade 43
  B) Fenômenos de qualidade...47
    a) Katie-King – Florence Cook – Experiências de Crookes ..49
    b) Esther Livermore – Elizabeth Fox – Experiências de Livermore 50
    c) Yolanda – Nepenthes – Mme. d'Esperance – Aksakof... 51
    d) Outras experiências – Indicações e referências 52
Capítulo IV – Os discos voadores na conjuntura mundial........57
  A) Alguns casos notáveis 64
  B) Aspectos complementares da fenomenologia DV 70
Capítulo V – Outros planos dimensionais? Uma nova perspectiva da realidade? 76

Parte II
O caso de Alexânia

CAPÍTULO VI – Histórico..85
ALEXÂNIA I – De 10/03 a 22/07/68.......................86
ALEXÂNIA II – De 23/07 a 16/02/69....................91
ALEXÂNIA III – De 17/03/1969 a Setembro de 1972........98
CAPÍTULO VII – Os relatórios....................................105
A) OBSERVAÇÕES NA FAZENDA DO VALE DO RIO DO OURO...........105
Relatório nº 1 – Aconteceu naquele 22/Julho/1968.........105
Relatório nº 2 – Luzes que surgem e se movimentam...
Faróis à distância... Luzes se movimentam... Uma estrela
junto a nós?...111
Relatório nº 3 – Estranha luz dourada no contorno
montanhoso do horizonte!... Iluminam-se nuvens densa
de chuva!... Uma névoa apenas?........................113
Relatório nº 4 (Fig. 1, p. 118) – Um arco luminoso de
mais de 1.000 metros de altura.........................116
Relatório nº 5 – Objeto circular voa sobre nós..............119
Relatório nº 6 – Reprodução no espaço!?
Uma fotografia?...122
Relatório nº 7 (Fig. 2, p. 126) – Um "show" de luzes
de colorido vário...124
Relatório nº 8 – Precisão cronométrica nos sinais
prometidos... Telepatia com extra-humanos?!...
Precognição?!..127
Relatório nº 9 – Um encontro com interplanetário?
Ou terráqueo de outra linha evolutiva?....................130
Relatório nº 10 (Fig. 4, p. 138) – Uma demonstração
de fogo e luz – Uma noite extraordinária...................134
Relatório nº 11 – Uma sintonia espiritual; iluminou-se o
local exato..140
Relatório nº 12 – Uma noite de carnaval diferente...
Luzes e luzes..142
Relatório nº 13 – Um grande acontecimento: aproximação
de 10 a 15m de uma luz azulada muito bela..............145
Relatório nº 14 – Cumpriu-se a promessa: uma demonstração
na estrada – Luz e objeto.......................................150
Relatório nº 15 (Fig. 5 e Foto 9) – Luz condensada,
materializada?!... Como descrever o indescritível?!.........152

Relatório nº 16 – Uma observação – Experiência excepcional: 20 a 30 metros apenas de um objeto envolvido de nebulosidade estranhamente iluminada!........................ 156
Relatório nº 17 – Uma experiência magnífica................. 161
Relatório nº 18 – Telepatia e projeções luminosas........... 163
Relatório nº 19 – Carta-depoimento 166
B) Outras observações 167
Relatório nº 20 – Objetos desconhecidos....................... 167
Relatório nº 21 – Luz estranha – Fazenda Vale do Rio do Ouro.. 169
Relatório nº 22 – Luz junto ao aeroporto de Salvador, Bahia 171
Relatório nº 23 – Luz – Objeto em evolução – Saramenha – MG.. 173
Relatório nº 24 – Depoimento pessoal sobre estranhos acontecimentos: Manifestações auditivas e visuais 174

Parte III
Análise, hipótese e hipóteses

Capítulo VIII – Do extraordinário na fenomenologia de Alexânia.. 181
Capítulo IX – A presença da Parapsicologia 185
a) Fenômenos luminosos 187
b) Fenômenos de materialização 189
c) Fenômenos PSI e PK? 190
Capítulo X – Opções em face da problemática dos Discos Voadores 196
1) Tudo se passaria no contexto do Continuo Espaço-Tempo Tetra-dimensional.. 197
A) Seres do nosso próprio sistema solar? 198
B) Seres de outros sistemas da nossa ou de outras galáxias..200
2) Os fatos apontariam outras dimensões: Hiperespaço; Hipertempo 202
A) Seres ainda terrenos? 205
B) Seres extraterrenos?... 209
Capítulo XI – Conclusão... 211

No Cosmos, o desfile dos Astros... 218
Indicação bibliográfica.. 220

A Parapsicologia e os Discos Voadores

Palavras iniciais para esta edição

APRESENTAÇÃO

Alfredo Moacyr de Mendonça Uchôa passou pela transição em março de 1996. Pouco mais de catorze anos depois, foi muito gratificante recebermos, minha filha Denise e eu, convite da "Mutual UFO Network (MUFON)" para apresentarmos uma palestra sobre o trabalho dele na área da ufologia durante a realização do encontro do MUFON em 17/18 Ago de 2010, nas cidades de Los Angeles e Orange, na Califórnia/EUA. E eu digo gratificante porque esta foi uma demonstração de que sua obra permanece como interesse de homens e mulheres que prosseguem no objetivo de esclarecer o fato de que não estamos sós no universo.

Outro evento, da mesma forma gratificante, foi o IV Fórum Mundial de Ufologia, realizado em Foz do Iguaçu, Brasil, no período de 09 a 13 Dez 2012. Naquela ocasião fui convidado e apresentei um trabalho sob o título "O Legado do General Alfredo Moacyr de Mendonça Uchôa para a Ufologia".

A história de meu pai é muito rica e se encontra resumida por ele em seu penúltimo livro, intitulado *Uma Busca da Verdade – Autobiografia*. Além desse, ao longo de sua produtiva existência, escreveu e publicou mais sete livros, todos com as edições há muito esgotadas. E é esse o motivo que nos leva, a mim e a meus irmãos, a despertar para o fato de que já é tempo de reeditá-los posto que, assim, estaremos contribuindo para a continuidade da missão que nosso pai recebeu, de seu Mestre, naquela célebre madrugada de 13 de março de 1968 em uma fazenda no município de Alexânia e que está referida em seu livro *Uma Busca da Verdade* (Cap XI) :"Você tem aqui uma missão: observar, pesquisar, escrever livros e divulgar...!". Divulgar é a palavra que resume a missão que, em nome dele, agora nos cabe assumir, providenciando a reedição de suas obras.

Para esclarecer os leitores das novas gerações, creio que cabe, aqui, um breve resumo biográfico de Alfredo Moacyr de Mendonça Uchôa:

– General reformado do Exército Brasileiro.
– Oficial da arma de engenharia.
– Engenheiro civil formado pela então Escola Politécnica do Rio de Janeiro.
– professor catedrático de mecânica racional por quase 20 anos da Escola Militar do Realengo, depois Resende e, finalmente, Academia Militar das Agulhas Negras.
– Parapsicólogo, sensitivo e estudante dedicado da metapsíquica e da teosofia trazida ao Ocidente por Helena Petrovna Blavatski.
– Fundador, 1º diretor-presidente e reitor da União Pioneira de Integração Social (UPIS), em Brasília/DF.
– Fundador da Associação Universal Morya (AUM) e do Centro Nacional de Estudos Ufológicos (CENEU).
– Ufólogo conhecido como o "General das Estrelas", segundo o Jornal *Correio Braziliense*.

Nascido na cidade de Muricy, Alagoas, aos 16 anos decidiu que seria oficial do Exército. Foi, então, para o Rio de Janeiro, onde se matriculou na Escola Militar do Realengo.

Primeiro contato com a paranormalidade

Aos 17 anos de idade, quando estava na cidade de Itu, SP, alguns amigos o convidaram para um encontro com um cidadão, conhecido como "médium sensitivo". Na ocasião, ele decidiu fazer um teste, perguntando ao homem sobre como se encontrava sua família no distante estado de Alagoas. A resposta, totalmente inesperada, deu-lhe ciência, de forma detalhada, de que seu pai havia sido acometido de grave enfermidade, em Maceió, AL. Uchôa se negou a acreditar porque sabia da excelente saúde e forma física de seu pai. Uma semana mais tarde, recebeu carta (vinda por navio) em que sua mãe narrava o problema de saúde de seu genitor, exatamente como havia sido descrito pelo "sensitivo". Para um jovem ávido de conhecimento, estava aberto o caminho para sua "busca da verdade".

Primeiro fenômeno paranormal tendo a si próprio como protagonista

Como uma consequência da Revolução de 1922, que o afastara do Exército, prestou concurso, foi aprovado e passou a frequentar a Escola Politécnica do Rio de Janeiro. Bom estudante, porém um tanto arrogante – em suas próprias palavras – desentendeu-se com o professor de geometria descritiva a tal ponto que decidiu não mais frequentar suas aulas, fossem quais fossem as consequências. Certa noite, levantou-se decidido a escrever um programa de estudos para evitar a reprovação em geometria descritiva, quando surpreendeu-se com uma vontade enorme de deixar seu braço escrever por ele. E, ali, ele teve sua primeira experiência de psicografia, ao redigir – sem seu comando ou controle – uma mensagem para ele mesmo. A mensagem iniciava com uma severa reprimenda ao seu comportamento relacionado com o professor de geometria descritiva, fazendo-o ver a necessidade de uma reconciliação, bem como orientando-o para a recuperação dos pontos perdidos naquela matéria, através da apresentação de trabalho que consistia na solução de importante e complexo problema de geometria que

A Parapsicologia e os Discos Voadores

o professor havia passado para a turma. E a mensagem também dizia que ele deveria buscar mais orientações na "minha Geometria Descritiva", das páginas tais e tais... Finalizando, o mais inusitado: a mensagem estava assinada por MONGE, antigo e famoso matemático francês, muito ligado à gênese e desenvolvimento da geometria descritiva. Dia seguinte, na biblioteca da Escola de Engenharia, encontrou o volumoso e antigo livro de Monge. E, o mais incrível, nas páginas tais e tais ele encontrou toda a orientação de que precisava. Trabalho apresentado. O resultado: grau 10 com louvor e a reconciliação consolidada.

PRIMEIRA CURA PARANORMAL TENDO A SI PRÓPRIO COMO INTERMEDIÁRIO

Durante o curso da Escola Politécnica, Uchôa morava em uma pensão. Certa madrugada, acordou com gritos lancinantes de homem vindos de um quarto próximo. Percebeu que eram gritos de sofrimento e sentiu um desejo incontrolavel de aliviar a dor daquela pessoa. Uchôa ainda não completara 18 anos. Foi até o quarto do enfermo e colocou, intuitivamente, suas mãos sobre a cabeça do homem, que imediatamente caiu em sono profundo. Mais tarde o doente foi removido para um hospital, onde veio a falecer vítima de meningite cérebro-espinhal. Os médicos não conseguiram encontrar uma explicação lógica para o homem adormecer no auge de uma crise como a que o consumia.

COMEÇA O APROFUNDAMENTO DE SUA BUSCA DA VERDADE

E foi nessa época que ele passou a ler e a estudar, sofregamente, autores que lhe pudessem trazer alguma luz no campo da paranormalidade, principalmente os da metapsíquica e metafísica. A seguir, citamos alguns deles: Leon Dennis, Ernesto Bozzano, Camille Flamarion, Paul Gibier, Alexandre Aksakof, Allan Kardec, Williams Crookes, Alexis Carrel, Charles Richet, César Lombroso, Charles W. Leadebeater, Annie Besant, Helena Blavatski e Krishnamurt, dentre outros.

Após formar-se em engenharia e, com a Revolução de 1930, retornar à carreira militar, sua vida profissional foi muito intensa, porém ele nunca deixou de continuar lendo, estudando e aprofundando seus conhecimentos na área da paranormalidade, assim como dedicar-se, cada vez mais, ao trabalho no campo da cura transcendental.

Em 1933 ele casou-se com Ena – a sua Enita – e foi para o nordeste construir pistas de pouso para as aeronaves que faziam o Correio Aéreo Militar.

Em 1937 ele decidiu dirigir sua carreira para a área da educação, ingressando no quadro do magistério militar, passando a lecionar mecânica racional na Escola Militar do Realengo, depois Escola Militar de Resende, mais tarde Academia Militar das Agulhas Negras – AMAN.

Fora do expediente, ele intensificava sua devoção ao trabalho de cura transcendental.

E A VIDA CONTINUA...

No período de 1945 a 1957, cumulativamente com a cátedra de mecânica racional ele exerceu as funções de subdiretor de ensino fundamental da AMAN, cargo da inteira confiança de sete consecutivos generais comandantes daquele estabelecimento.

Nessa época ele iniciou uma fase de pesquisas que durou mais de 20 anos, no campo da chamada materialização, além de tornar-se um devotado estudante da parapsicologia.

Em 1957 ele foi designado para fundar e ser o primeiro comandante do Colégio Militar de Salvador, quando aconteceu a memorável e transcendental cura de seu pai, por intermédio do mestre Felipe de Lion.

Seu interesse pela ufologia começou quando, como estagiário da Escola Superior de Guerra (ESG/1960), assistiu a um filme oficial da Força Aérea dos EUA, liberado pelo governo americano, sobre a "visita" de 14 objetos voadores aos céus de Washington, DC/EUA.

Em 1963, foi transferido para a reserva do Exército no posto de General de Divisão, passando a dedicar mais tempo aos trabalhos relacionados à cura transcendental e estudos e pesquisas nos campos da parapsicologia e das sessões de materialização em ambiente fechado.

Sempre se manteve atualizado nas áreas da física relativista, física quântica, bioquímica, psicobiologia etc. inclusive pela assinatura e estudo das principais revistas e jornais científicos sobre Parapsicologia e temas afins, dos EUA, França e Reino Unido, cujos idiomas dominava.

Em 1968 mudou-se para Brasília e era presidente do Grupo de Pesquisas Parapsicológicas da capital quando, na fazenda Rio do Ouro, nos arredores de Alexânia, GO, teve o seu primeiro contato com o fenômeno ufológico. Na ocasião, recebeu de seu Mestre Morya a missão de *observar, pesquisar, escrever livros* e divulgar.

E assim ele fez, por mais de uma década, organizando e conduzindo vigílias noturnas semanais onde, juntamente com advogados, militares, médicos e outros profissionais liberais, testemunharam e registraram inúmeros fenômenos de UFOs, daí resultando os vários livros que escreveu e publicou sobre o assunto.

Sua educação e espírito científico sempre estiveram presentes, mas nunca deixou, também, de considerar as aberturas para o mundo espiritual em consequência de suas próprias observações ao longo de décadas, acrescidas de suas experiências pessoais. Ele costumava dizer que era extremamente importante manter os pés no chão, mas, por outro lado, levantar a cabeça e olhar para as estrelas era absolutamente indispensável.

Para a análise e compreensão de muitos dos fenômenos ufológicos, sua experiência com as sessões de materialização lhe foi bastante valiosa, pois, diversas vezes, presenciou, em campo aberto, fenômenos semelhantes aos que pesquisara em ambiente fechado, valorizando sobremaneira a alta tecnologia praticada pelos seres visitantes, de forma análoga àqueles que se manifestavam em suas sessões... e que não eram, necessariamente, extraterrenos (ver no livro *Além da Parapsicologia*).

Ele demorou a aceitar e por muito tempo reagiu contra o exercício do fenômeno parapsicológico da telepatia com ele mesmo. Finalmente, quando não teve mais argumentos para negar, em razão das continuadas provas insofismáveis que lhe eram apresentadas, ele capitulou e passou a aceitar essa forma de comunicação que, parece, está destinada à humanidade do futuro. Com isso, ele "desbloqueou" os canais apropriados, com valiosíssimas informações passando a fluir com facilidade. Foi então que escreveu o livro: *Mergulho no Hiperespaço*, em cujo "Capítulo IV – Evolução para uma Percepção Diferente", item 4.1. TELEPATIA EXTRA-HUMANA, n° 6, Uchôa escreveu:

> Verifiquei que, depois disso, a faculdade ainda mais se desenvolveu, se ampliou e se aclarou, modificando-se evidentemente para melhor, de vez que foi complementada por uma espécie de visão hiperespacial, conjunto esse – telepatia – visão hiperespacial – que possibilitou tudo o que se seguiu e que constitui a razão de ser deste livro.

Juntamente com as pesquisas no campo ufológico, suas atividades científicas e educacionais ganharam um novo momento, em 1971, quando ele liderou a criação da União Pioneira de Integração Social – UPIS, em Brasília (ver: *www.upis. br*). Um dos objetivos constantes do estatuto dessa Universidade era o de apoiar e manter a Associação Universal Morya – AUM, entidade destinada à promoção de estudos na área das chamadas ciências alternativas, inclusive com cursos e eventos para sua divulgação.

Além de fundador da UPIS ele foi seu reitor e diretor-presidente desde 1971 até seu falecimento, em 1996.

Em 1979, sob sua orientação, o Centro Nacional de Estudos de Ufologia – CENEU, fundado também por ele, em Brasília, promoveu o I Congresso Internacional de Ufologia. Na ocasião, Uchôa teve a satisfação de acompanhar o dr. Allen Hynek, famoso cientista norte-americano, para falar no Congresso Nacional Brasileiro, onde foi aplaudido de pé. Além do professor Hynek, que fez a palestra de abertura, a seguir listo mais alguns pesquisadores/cientistas que compareceram e apresentaram seus trabalhos naquele Congresso de Ufologia: dr. James Hurtak (CA, EUA); Leo Sprinkle (WY, EUA); Alan Stairle (França); Fábio Zerpa (Argentina); Felipe Carrion (Brasil), dentre outros...

Em 1982, Uchôa foi convidado e participou do *First Centennial Commemorative Congress* promovido pela *Society Psychi-*

cal Research Of London, em Cambridge, Reino Unido, onde apresentou trabalho sobre a "Fenomenologia parapsicológica no Brasil".

Em 1983 foi o presidente de honra do II Congresso Internacional de Ufologia, realizado em Brasília.

Seu trabalho na área da cura paranormal com a participação de interplanetários teve seu ápice com o caso da jovem Bernadete Justiniano Gomes, em Brasília, o qual se encontra registrado em seu livro *O Transcendental – Curas e Fenômenos*. Este caso foi minuciosamente apresentado no Encontro do MUFON – Mutual UFO Network – em Los Angeles e em Orange, EUA, no ano de 2010, por sua neta Denise Uchôa Slater.

Em artigo da *Revista UFO* (Abr/96), por ocasião do falecimento do general A. Moacyr Uchôa, assim se expressou Ademar José Gevaerd:

> O general foi além da própria ufologia, na busca de respostas para perguntas sobre o universo...

E disse mais:

> ...Em um de seus livros, *Mergulho no Hiperespaço*, ele transcendeu ainda mais a exploração dentro da questão ufológica pois, há mais de duas décadas (era o ano de 1996), o general Uchôa já tinha respostas claras para questões complexas que, até hoje, fogem ao controle de vários ufólogos.

Finalizando o artigo, disse Gevaerd:

> Felizes os ufólogos veteranos que tiveram a oportunidade de conviver com o general Uchôa, ler seus livros e assistir às suas concorridíssimas palestras. Felizes, também, serão os ufólogos novatos que têm, com seu legado, certezas para o futuro.

A posição do general A. Moacyr Uchôa sobre ufologia, segundo o entendimento que nos deixou, é a de que considerava a ufologia, não como um fim em si mesma, mas como um instrumento valioso que contribui para a abertura dos horizontes da humanidade, permitindo-lhe seguir seu glorioso destino em direção aos universos, revelados ou não, em harmonia com seus irmãos da galáxia e extragalácticos.

A seguir apresento alguns conceitos e conclusões resultantes dos estudos, experiências e pesquisas do general A. Moacyr Uchôa, extraídos de seus livros e palestras:

> Será este livro (referindo-se ao livro *Além da Parapsicologia*) uma espécie de mensagem não só aos jovens, como aos já batidos pelos anos, a fim de que se encontrem claramente advertidos desse mundo novo, que se abre ao espírito humano. Constituirá, talvez, pelo menos, um infinitésimo de estímulo ao próprio espírito científico, no sentido da pesquisa segundo rumos novos, conducentes à ciência mais ampla, avançada no campo moral, do mundo de amanhã. Uma ciência que será de conceitos novos sobre a matéria, energia e vida, de uma visão mais perfeita do homem e do universo, quer na perspectiva sem fim dos espaços ilimitados que ao investigador oferecem os céus constelados, quer na aguda penetração no seio da matéria, desvendando-lhe os arcanos, em busca do segredo da vida.
>
> Urge organizar-se a ciência, rompendo as barreiras do preconceito, os quistos de pensamento estratificado ou congelado, que conserva e acarinha formas caducas do proceder científico, conduzido, dominado por crenças temerosas de outras perspectivas, outras luzes.
>
> A fuga do fenômeno pela impossibilidade de trazê-lo ao entendimento das leis vigentes faz com que o preconceito científico se torne um freio à evolução da própria ciência.
>
> Prova-se o fenômeno, mas daí advém um grande medo de tentar explicá-lo. Então, a ciência foge, o militar também

não controla os céus (UFOs) e a coisas vão sendo deixadas para lá. Por outro lado, as religiões também não gostam muito. E não é só a católica. As religiões não valorizam nada que possa indicar a existência de seres superiores ao homem, o qual consideram a obra prima da criação. De repente, aparecem seres adiantadíssimos, com inteligência e poder muito acima da humanidade. Isso não interessa nem às religiões nem à ciência.

A diferença entre os cientistas e os grandes místicos consagrados é que, esses últimos, são sábios que alcançaram o conhecimento superior – posto que apreendem a realidade através das faculdades que desenvolveram muito além das normais.

Hoje as religiões intuem, a ciência começa a mostrar e os grandes instrutores ensinam que o homem possui uma potencialidade incrível, supostamente para ser desenvolvida com o tempo.

Haja coragem científica para, se necessário, transpor o aparente abismo, paradoxalmente aberto para o alto, que paralisa de espanto o audaz investigador voltado para o conhecimento da vida e vê a realidade ampliar-se ao infinito, para além de suas vistas afeitas a este mundo de 3 (três) dimensões. Serão essas apenas as dimensões dessa realidade cósmica, universal? Responda, pois, a ciência com a dignidade que lhe assegure, no futuro, nobreza e glória.

A onda de vida do Poder Criador trouxe à realidade os minerais, os vegetais, os protozoários, os seres primários, o homem primitivo, uma Santa Thereza D'Ávila, um Mestre Jesus. Essa onda de vida divina está continuando a crescer e, naturalmente, conduzirá o homem ao infinito que ele tem a realizar.

Quem poderá limitar, por um ponto final à ascese do ser criado, no caso a criatura humana, que veio como impulso e vida dos abismos dos diferentes outros reinos da natureza, perlustrando, já individualizada, sombrios caminhos no próprio seio da humanidade e, hoje, sensível às suas próprias intuições maiores, até se lança à conquista das estrelas?! Quem marcará esse ponto final? Quem?!...

O homem é um complexo de veículos sendo que a enfermidade pode se localizar em qualquer deles, não necessariamente no veículo físico.

Magnetismo curador, implicando a ação de personalidade subconsciente do operador, mais sábia, incompreensivelmente mais capaz sob certos ângulos, mais rica de poder operacional nesse campo? Personalidades ou entidades de planos sutis, das quais não seremos nós senão pálidos instrumentos?...

Existe provada a ação de seres alienígenas na condução de fenômenos de cura, ditos paranormais.

Então, tenho um ensaio, um trabalho onde procuro explicar porque eles (ETs) têm formas análogas à humana, tanto que os chamamos de humanoides. É que eles se desenvolveram, aqui e acolá, segundo as mesmas leis e condições materiais do universo. A espectroscopia, a física espectroscópica, mostra que a matéria daqui é a matéria das estrelas; a energia daqui é a energia das estrelas. Logo... Aliás, nós vivemos em um universo que tem o condão de ser a expressão de uma unidade, que seria a Unidade Divina, numa multiplicidade infinita de manifestações. Ao que tudo indica, parece que existem leis universais, princípios dominantes que governam toda a intimidade da matéria, da energia e da consciência em todo o universo. Então, nós avançamos por caminhos que não são iguais, mas são análogos. Daí a aproximação da forma sem haver a identidade. Isso não é a monotonia do idêntico, mas a beleza do análogo"

A ampliação do Cosmos no sentido de sua profundidade maior, ainda não devassada pelo espírito científico humano, conducente a dimensões superiores, às quais oferece, à sua vista, um universo muito mais rico de formas, energia e vida, conferindo ao homem um sentido bem novo da imensa dimensão da sua própria grandeza.

O hiperespaço como o ambiente mais sutil, sem limites de espaço e tempo, onde o homem haverá de operar quando tiver desenvolvido, plenamente, as qualidades já demonstradas pela parapsicologia.

Entre o ser e o cosmos, entre a criatura humana e o meio em que se contêm, um fluxo efetivo de vibrações, de energias de toda ordem, está presente, abrangendo até características próprias de consciência, o que indicaria que a consciência, primeiro difusa, depois individual, se entrosasse com uma virtude consciencial maior, achando-se, pois, em expansão para, afinal, realizar o conhecimento pleno, verdadeiro, quando atingida a consciência cósmica, a Consciência Oceânica, Infinita, de Deus.

Em verdade, nada disso se nos afigura absurdo (referindo-se às dimensões superiores da realidade), a não ser que queiramos impor as nossas próprias limitações à infinita riqueza da realidade universal.

Com o evolver do homem para estados conscienciais superiores, revelar-se-á o universo em que se contém, cada vez mais rico de possibilidades, apresentando dimensões novas, agora, vividas e compreendidas no abstrato conceitual do mundo interno do próprio ser.

Cremos na contínua e gloriosa ascese da nossa humanidade a um destino maior, no amanhã da nossa civilização, quando o homem, além do conhecimento pleno do universo em extensão e profundidade, haverá, ainda, descoberto, penetrado, estudado e compreendido o universo moral em que também se contem, vivendo em plenitude seus mais nobres valores espirituais.

Não é possível permanecer indiferente face a um fenômeno (UFOs), talvez o mais importante da história do Homem, um fenômeno que desafia a ciência atual porque ele, realmente, vai levar a uma transformação grande, como se fosse o alvorecer de uma ciência nova que será – quem sabe? – a grande ciência do futuro milênio!!!

Sempre aqui a pergunta. E a resposta? Que a dêem os sábios ou os audazes! Quanto a nós... caminheiros da grande jornada, sem sabedoria e sem tônica de aventuras, recolhamo-nos esperançosos, confiantes e decididos, àquela vida interior onde silenciam os tumultos e onde o espírito procura elevar-se à suprema verdade.

Temos que seguir em frente, na vanguarda dos acontecimentos que se nos vão apresentando em uma vivência de
caminheiros de uma jornada cósmica, cujas origens se encontram, talvez, nos abismos da densidade maior da própria matéria, mas cujo fim se perde nas alturas infinitamente distantes que atraem o viajor incansável.

É claro que muito mais poderia ser dito nesta apresentação do general Alfredo Moacyr de Mendonça Uchôa, mas nossa finalidade, aqui, é apenas proporcionar aos seus leitores, a
oportunidade de conhecer um pouco de sua biografia, ao mesmo tempo em que desfrutam de seus livros que, a partir de
agora, sucessivamente estarão de volta às livrarias. São eles:
Além da Parapsicologia – 5ª e 6ª Dimensões da Realidade, *A
Parapsicologia e os Discos Voadores*, *Mergulho no Hiperespaço*, *Muito Além do Espaço e do Tempo*, *Cristo para a Humanidade de Hoje – Científico, Social e Político*, *O Transcendental
– Curas e Fenômenos*, *Oásis de Luz* e *Uma Busca da Verdade
– Autobiografia*.

Paulo Roberto Yog de Miranda Uchôa

Preâmbulo

O trabalho a que nos propusemos esperamos possua uma tônica própria no conjunto da literatura que versa o problema dos discos voadores. Em verdade, não discriminará ocorrências de visão ou contato com esses objetos à forma por que vêm ocorrendo em várias partes do mundo, fatos que, afinal, como um todo, estão se transformando no "problema do século" Na verdade, tudo indica assim ser, apesar de outros tantos e palpitantes problemas que o avanço da ciência e da tecnologia vem, contínua e progressivamente, resolvendo ou tentando resolver, verdadeiros desafios ao espírito científico atual.

Não defenderá teorias esta ou aquela das já aventadas para a solução desse enigma, implicando em hipótese ou hipóteses sobre a origem terrena ou não desses objetos, neste último caso do âmbito ainda planetário, do nosso sistema solar ou extra-solar, galático. Não discutirá, em páginas de literatura amena ou pesada, o caráter natural ou fantasioso dessas ocorrências, nem minuciará as exaustivas pesquisas conduzidas por órgãos oficialmente credenciados, ou de iniciativa privada, visando à apuração da realidade dos fenômenos que se apresentam de forma insólita, agressiva. Na verdade, é justo que, antes de aceitos como realidades mesmo inexplicadas ou inexplicáveis, no estado atual da ciência, sejam analisados: se decorrentes de enganos, falsas observações por motivos psicológicos conscientes ou inconscientes, ou ainda, resultados de causas naturais postas indevidamente de lado pelo observador ou por aqueles que os interpretam.

Este trabalho deixará de lado, outrossim, excessiva preocupação de referências cronológicas, mesmo sabendo que poderiam indicar, na sistemática da apresentação mais intensiva dessas ocorrências, que vêm de 1947, o desenvolvimento de um plano até estratégico, para acostumar-nos, a nós homens, à sua realidade transcendente ou não. A possível transcendência seria demonstrada, caso viesse a ser provado o seu caráter supranormal, indicativo de que poderosas, superiores inteligências se encontrariam atrás de toda essa manifestação e teriam um propósito a longo, médio, ou até curto prazo, na dependência do comportamento humano como um todo.

O nosso propósito visa a um ensaio teórico, fundamentado em objetivas observações, um esforço para a colocação desse problema em termos de uma realidade maior, que a experiência parapsicológica já aponta em campo congênere, pelo surpreendente e "maravilhoso"que também encerra, criando, a cada passo, a perplexidade ante certas ocorrências. Com esse fim, porém, não nos basearemos em teorias ou hipóteses das muitas que temos lido em publicações sobre o assunto. Pretendemos, antes, utilizar talvez uma nova vista, uma nova perspectiva das dimensões superiores da realidade, fundamentadas em fatos de observação sistemática que vimos presenciando e estudando desde mais de 20 anos, no âmbito controlado da nossa própria residência e em outras partes, juntamente com idôneas testemunhas. Essa perspectiva que julgamos haver inferido racionalmente, baseando-nos nessas observações, julgamo-la de possíveis aplicações a esses novos fatos, também de observação sistemática, não mais em um ambiente de sala ou apartamento, como aqueles que apreciamos e analisamos em nosso pequeno trabalho anterior – *Além da Parapsicologia – 5ª e 6ª. Dimensões da Realidade* – mas agora, em pleno campo, em planuras e alturas de uma fazenda, e em companhia ainda de várias pessoas de notória responsabilidade profissional, social e moral. Ademais, tem sido esse um ambiente acessível a muitas e muitas pessoas outras, que, mesmo sem a continuidade e perseverança daquelas, os têm também observado sobejamente.

Sendo assim, faremos um histórico das principais ocorrências, e relatórios serão apresentados e analisados no momento oportuno, conexos com essa fenomenologia agressiva que desafia a técnica vigente e os conhecimentos científicos consagrados. Desafiam, outrossim, a perspectiva atual que se possa ter da física, da química e demais ciências, no que tange ora ao eletromagnetismo, à ótica, às pesquisas sobre as radiações e a estrutura da matéria, ora ao campo da fisiologia, da biologia e da própria psicologia. Em verdade, a par desses fenômenos surgem conotações psicológicas e de alto relevo, de suma importância, mesmo imperativas, diante do observado, apontando para uma possibilidade de vivência consciente e de plena inteligência, para além da tridimensão do espaço em que nos habituamos a viver ou da quadridimensão do contínuo espaço-tempo, em que, após a genial contribuição da teoria relativista, julgamos conter-se toda a realidade. Teríamos que ver ampliados os nossos conceitos científicos e filosóficos atuais, havendo que aceitar-se ser o *Cosmo – A Realidade –* muito mais rico do que antes poderíamos supor, revelando-se, mais uma vez, cheio de surpresas e maravilhas ao espírito do investigador atônito, perplexo.

Bibliotecas e bibliotecas, livros e mais livros, a palavra ou o conceito dos sábios deste ou daquele campo, tudo pode revigorar-se ou destruir-se perante fatos inequívocos de efetividade indiscutível, para viver ou verificar os quais bastará senso objetivo, persistência para tê-los sistematicamente reproduzidos, novamente observados e vividos.

Poderão, ainda, as observações de acontecimentos que aqui nos interessam, escapar (e ainda escapam) ao controle científico experimental, fugindo à nossa vontade, ao nosso prévio planejamento de laboratório. Todavia a mecânica celeste, a ciência da dinâmica dos astros e sistemas solares nunca esteve em quaisquer laboratórios, mas veio da sistemática das observações pacientes e inteligentes através do tempo. E, aí, se expressavam ou expressam apenas condicionamentos, fenômenos de um mundo físico um tanto para além do domínio imediato do homem!... Que dizer agora, perante a fenomenologia que estudamos, quando, mais que u'a mecânica, podem encontrar-

-se subjacentes implicações de uma inteligência, de uma consciência capazes de decidir e agir fora do condicionamento tri ou quadridimensional que nos é familiar?!... Não estamos, por ora, afirmando. Estamos fazendo hipótese ou hipóteses, em decorrência da imposição dos fatos. Estamos tentando fazer, humildemente, o que muito bem dizem Louis Pawels e Jacques Bergier em seu *O Despertar dos Mágicos*: tentando concorrer para "abrir uma porta, das que se fecham por dentro, para outros mais capazes passarem" a um ambiente renovado de perspectivas científicas válidas, conducentes a um conhecimento mais perfeito do Universo, ou dos Universos e da Vida. Isso, exatamente, o que nos inspira, sob o impacto de um sentimento de responsabilidade que se configura nítido, quando em pleno campo, no teatro vivo da natureza, assistimos, estupefatos, a fenômenos óticos que, naquelas condições, nenhuma técnica vigente em nossa civilização poderia reproduzir e, por outro lado, ao mesmo tempo, objetivas demonstrações de que uma inteligência, certamente superior, ali atua. Exageramos? Estaremos sonhando? É demasiado ridículo atermo-nos a tais hipóteses ou conjecturas quando falam decisivamente os fatos. Quando falam testemunhos de toda ordem, como ficará plenamente demonstrado ao longo deste nosso discreto trabalho.

Na verdade, procuraremos, em nossa análise, salientar o caráter supranormal de grande parte dos fenômenos em apreço, atendo-nos, porém, a uma estrita objetividade. Sabemos, porém, que o assunto será de tal ordem que suscitará os mais desencontrados juízos por parte, principalmente, daqueles que se enquistam nos sólidos preconceitos de um orgulhoso cienticismo limitativo das perspectivas do possível em ciência. Esses juízos surgirão numa classificação que virá desde o embuste suposto, passando por todos os tons de consciente ou inconsciente mistificação, até à acusação de uma ambição vaidosa que visasse à homenagem pelo trato com o sobrenatural ou, ainda, crassa ignorância científica, beirando à irresponsabilidade e ao ridículo. Estamos, porém, definitivamente preparados para tudo isso. Conduz-nos o sentimento do dever, a obrigação tranquila de não atraiçoarmos a nossa própria consciência, que, há muito, nos ditou – letra por letra, palavra por palavra, sentença por sentença – a primeira grande lei que deve informar a conduta do homem que se sente desperto pela inspiração da palavra do Senhor Cristo:

> Servir, servir sempre em espírito e verdade, quaisquer que sejam os percalços do caminho... fala, anuncia, dize-lhes a verdade. Se não te ouvirem, sacode o pó de teus sapatos, prossegue, continua...

PARTE I
Introdução à problemática dos Discos Voadores

A ciência é obrigada, pela eterna lei da honra, a encarar os fatos face a face.

Lord Kelvin

Há uma dinâmica própria no pensamento diretor que permeia todo o universo. Essa dinâmica revela consciência, amor e vida.

Rector

Capítulo I

Uma nova psicologia ou uma nova parapsicologia?

É estranho que nos decidamos a considerar uma nova psicologia ou nova parapsicologia, quando a psicologia como ciência é tão nova e a parapsicologia, em si própria, ainda é muito mais nova! Por isso, parece-nos necessário por o caso em termos inegavelmente próprios e justificar tão aparentemente insólita posição.

É que há unanimidade entre todos os parapsicólogos ou homens de ciência dos campos afins, no considerarem como sendo o objetivo e finalidade da parapsicologia, pesquisar e estudar os poderes e faculdades ainda não bem conhecidas do ser humano (do seu inconsciente ou subconsciente), de modo a conseguir incorporá-los ao âmbito da psicologia, enriquecendo-a.

Assim é que, toda sua fenomenologia – clarividência, telepatia, pré-cognição, psicocinesia e até transportes de objetos, fenômenos luminosos, materializações etc.... – tudo explicar-se-ia por virtudes ou capacidades inerentes, *apenas*, ao ser humano, cujos arcanos mais profundos ainda não teriam sido, de todo, penetrados. Essa posição nada mais representa do que pacífica herança da metapsíquica de Charles Richet que, durante dezenas de anos, se enriqueceu com substanciais pesquisas de diferentes tônicas desse novo e rico campo de experiências e investigações, muitas das quais a parapsicologia atual oficial ou semioficial olha, ainda, com timidez e acentuada reserva.

Ora, quer permaneçamos no âmbito mais estrito da parapsicologia posta em moldes acadêmicos, quer mesmo ampliemos as nossas vistas e aceitação aos dados da metapsíquica mais avançada, que tem a seu crédito o estudo, o interesse e as melhores contribuições de eminentes vultos do pensamento científico do fim do século passado e outros tantos deste século, o que bem justificaríamos apontando principalmente as atividades da Sociedades Inglesas e Americanas de Pesquisas Psíquicas e do Instituto Metapsíquico de Paris, quer mesmo, aceitemos as posições de sábios cientistas, como Oliver Lodge, Lombroso, Ernesto Bozzano e tantos outros, em qualquer dessas hipóteses formuladas, admitindo que tudo isso se ache englobado na parapsicologia, mesmo assim, necessitaríamos de uma nova psicologia ou nova parapsicologia. É muito simples justificar e não nos alongaremos muito.

É que a fenomenologia que apresentaremos, ao ser analisada, transcende flagrantemente *ao homem*, a quaisquer poderes, faculdades ou virtudes internas que possua. Logo, jamais poderia pertencer a essa parapsicologia, por ampla que seja, mas sempre incidente sobre as capacidades, ou possibilidades físio-psíquicas ou para-psíquicas humanas.

Observamos que mesmo o espiritismo científico seria ou é do campo conceitual parapsicológico. Aconteceria, apenas, que, se provados os seus postulados, *particularmente o básico* que seria o da sobrevivência, resultaria isso apenas numa reformulação da teoria dominante na parapsicologia, cujas perspectivas se encerram estritamente nas capacidades do ser humano. Sobreviveria o *psíquico*, mas, é óbvio, esse *psíquico evidentemente teria* conotação humana. Teria *pertencido* a uma personalidade humana e, quiçá, venha ou viesse a informar uma outra, em futura encarnação, segundo a palavra espírita. Nos casos que estudaremos, não.

Possíveis seres ou entidades operantes não pertenceriam ou não pertencem à *nossa humanidade*. Pertenceriam a humanidades outras de outros planetas ou outros sistemas solares. Ou então, pertenceriam ou pertencem a este nosso planeta, mas postos em outra ou outras linhas evolutivas paralelas à nossa ou convergentes com ela em estágios mais avançados do ser.

Como quer que seja, face ao que acabamos de expor, devemos pensar numa nova parapsicologia, extensão de uma nova psicologia, incidindo ambas sobre esses seres e não sobre nós.

Se, por outro lado, já admitindo pelos fatos esses outros seres, aceitarmos que a psicologia incida sobre eles, ampliando-se decisivamente o seu campo para além de nossa humanidade, aí então, a parapsicologia, que adviria, abarcaria as atividades desses seres nos níveis mais altos, extraordinários, que pudessem revelar.

Daí porque nos situamos, referindo-nos a uma nova psicologia ou nova parapsicologia, que seria a ampliação daquela que timidamente conceituamos em relação *apenas* ao homem, de vez que outros seres inteligentes e de virtudes operacionais afins com as do próprio homem se afirmam na fenomenologia que apresentamos.

Além disso, as perquirições e inferências lógicas decorrentes dessa fenomenologia atípica, que escapa ao controle ou melhor, à influência humana, nos levarão a formular certas hipóteses interpretativas, conducentes a uma vista maior sobre a realidade ambiente, mostrando-se o plano de vida em que todos nos encontramos mais rico de perspectivas quanto à manipulação, o governo de energias e condições outras, que se vão supreendentemente revelando.

CAPÍTULO II

Do conceito de supranormal

Parece-nos muito delicado, um tanto perigoso, em certo sentido, conceituar *supranormal*, isto é, o que se encontraria acima ou fora do *normal*. Na verdade, para tal, far-se-ia mister tranquilizar-nos sobre o que chamaríamos ou consideraríamos *normal*. Feito isso, tudo aquilo que transcendesse a esse *normal* trataríamos como *supranormal* ou *paranormal*.

O meio ambiente, ou melhor, a realidade sensível, perceptível, ou ainda, capaz de ser atingida pela nossa experiência, vê-la-emos em termos do que chamaremos físico ou psicológico. Serão os fenômenos propriamente do meio energético-físico- -material por um lado, e por outro, aqueles que com base no primeiro, nesse físico, implicam manifestações psíquicas em um sentido amplo, isto é, um psiquismo possível de expressar-se mesmo na atividade do animal.

Constituem esses fenômenos a matéria-prima, a razão de ser do campo científico, definidas, delimitadas as várias ciências segundo esse ou aquele critério. Nesse assunto, aliás, ainda cabe homenagear aqui o gênio de Augusto Comte, classificando-as segundo um critério amplo, porém paradoxalmente estrito, dispondo-as em sucessão de generalidade decrescente e complexidade crescente, desde a matemática até a sociologia e a moral.

Assim sendo, considerados o físico e o psíquico, que lhe é conexo, tudo, afinal, se passaria como se tivéssemos a perquirir, analisar e estudar duas realidades paralelas, mas, de fato, concomitantes, entrosadas, unificadas na manifestação fenomênica, tal qual ela se nos oferece: uma física, em cujo âmbito a ciência nos conduzisse, na atualidade, pelas várias tônicas de vibração, dos índices mais baixos, da acústica, da eletricidade, do calor, da luz, as radiações químicas, até a radioatividade e o campo gravitacional, que representaria o ápice dessa sucessão dinâmica crescente; outra, psíquica, mental, ascendendo dos abismos dos reinos inferiores à culminância do estágio humano, em que essa condição de mente ou psiquismo chega a dignificar-se pelo sentimento do belo, nas expressões da arte, e pela vivência do amor, que se eleva das formas egoísticas, entre indivíduos, à grandeza e universalidade do amor crístico.

No campo filosófico, dir-se-ia lidar o espírito humano com duas facetas do mesmo Universo: uma física, outra mental, moral, condicionada uma à outra. Possuiria cada uma seus próprios valores, suas características, seus tipos de medida e avaliação, seus métodos próprios à elaboração do conhecimento.

Dessa forma e considerando-se a capacidade humana de formular juízos, de exercitar a lógica e, em consequência, afirmar sentenças, vêm à existência a ciência física da natureza, e, também, a ciência psíquica, considerada esta última denominação no sentido amplo que abrange o indivíduo em si próprio, nos seus condicionamentos biológicos e psicológicos, como em toda a sua vida de relação, aqui implicando a história, a sociologia e a moral.

Essas duas ciências ou esses dois campos de ciência, o físico e o psíquico, formariam ou configurariam o campo único da verdadeira ciência consagrada pelas universidades e academias, titular, pois, inconteste do espírito científico atual, infenso, fechado, mesmo hostil à aceitação de qualquer forma de espiritualismo, mesmo como simples hipótese de trabalho. É que isso resultaria na insinuação ou penetração do *extrafísico* em seus supostos sólidos domínios. Daí encerrar-se a ciência atual em um materialismo já incompreensível nos dias que correm, de vez que, se por um lado, vem o exaustivo trabalho da parapsicologia indicando aquele caráter extra-físico do fato parapsicológico, por outro, a própria física se lançou também para além da matéria em si, diluindo-a em campos energéticos, em que corpúsculos identificáveis a cargas elétricas se movimentam em ondulações de um meio cuja essência substancial ainda escapa a toda a previsão e experimentação. Esse movimento, porém, se processa de forma tão adequada e, até certo ponto, lógica, que a mecânica ondulatória lhe estabelece as leis, o que inspira a sugestão de que, realmente, a inteligência (nesse caso, a Mente Universal) permeia toda a infra-estrutura, se não toda a realidade do Cosmo em evolução. Assim, é de concluir-se que fora daquela ciência, pelo que acabamos de arguir, ficaria todo o campo inconteste da fenomenologia realmente parapsicológica, desde que, segundo o professor J. B. Rhine, o fato parapsicológico seja extra-físico e se possa acrescentar que os pesquisadores que assim não pensam, se abrigam na esterilidade de uma ausência completa de quaisquer hipóteses explicativas ou, ao menos, razoavelmente válidas. Outrossim, ficaria, também, de fora dessa ciência acadêmica, a rigor, toda possível explicação dos mais delicados e sutis fenômenos que informam o mundo psicológico, conferindo ao homem aquela dignidade de vida marcada pelas tônicas da renúncia e do amor, sentimentos que se sublimam dos egoísmos primários de onde vêm as criaturas humanas desde remotas idades.

Dissemos fora dessa ciência, se considerados os fenômenos a que nos referimos na essência dos valores que exprimem, de vez que não faltarão terminologia adequada e proposições que traduzam o preconcebido de uma posição de fuga à aceitação de uma causalidade para além do energeticismo materialista.

O autor não pretende ser cientista. Desejamos, porém, manter-nos no campo da ciência, se bem que, pela confessada condição de não-cientista, possamos nos sentir bem à vontade para maior liberdade de pensamento, podendo assim aflorar problemas que a ortodoxia científica condenaria de imediato; daí a razão pela qual nos arriscamos, com absoluta liberdade, por um campo cheio de interrogações, de suspeitas mesmo, raiando até pela fantasia, pelo "impossível"...

Vamos tratar, então, do que já de há muito, se chama supranormal ou paranormal no âmbito da parapsicologia, agora, porém, de forma bem mais ampla, extensiva a toda realidade cósmica, podendo participar, pois, de tudo que possa interessar ao conhecimento do homem, à sua ciência com letra maiúscula, à aquisição daquela sabedoria que integraliza o ser dentro da vida e, aproximando-o das origens, paradoxalmente o conduzirá a seu verdadeiro *destino*.

Cumpre, pois, de início, conceituar o que chamaremos ou consideraremos *normal*, e, também, *supranormal* ou *paranormal*, em face do objetivo do estudo a que nos propomos. Diremos então:

Fenômenos do âmbito físico ou psíquico dominados pela ciência atual, fenômenos que, mesmo ainda não incorporados aos seus postulados, à sua ortodoxia, se achem não obstante no campo de suas perspectivas imediatas ou mesmo remotas, sem necessitar uma reformulação completa de seus princípios ou axiomas fundamentais, a esses fenômenos *chamaremos normais*. Constituirão o normal. Passar-se-ão no espaço tridimensional, submetidos também à dimensão *tempo*, que completa o chamado contínuo espaço-tempo quadridimensional, em que se afirma passar-se assim o normal.

Fenômenos inabituais, sensivelmente estranhos, insólitos, surpreendentes, que a investigação prova como que transcenderem a esse *espaço tridimensional e ao tempo*, superando-os, de forma a exigirem ou clamarem por uma interpretação que os libere desse contínuo espaço-tempo e por uma reformulação conceitual, visando a uma realidade maior, apenas intuitivamente suspeitada até agora pelos gênios da filosofia e da arte ou afirmada pelos grandes instrutores, a esses fenômenos, chamá-los-emos *supranormais*. Constituirão o supranormal. Implicariam esses fenômenos em outras dimensões da realidade, ainda não reveladas ou manifestadas à consciência normal, de vigília, do homem. Esse supranormal assim conceituado estará subjacente ao título deste pequeno livro, em que se põe à frente da *problemática dos discos voadores*.

Apressamo-nos, aqui, porém, em afirmar que não nos poderão acusar de que estamos, arbitrariamente, fixando departamentos estanques para a classificação de fenômenos porventura decorrentes. Fujamos a esse pecado, deixando bem claro que essa divisão fazemo-la para fins didáticos, simplificadores, para nos situarmos em nossa exposição e estudo, pois convimos tranquilamente em que a *Realidade seja uma só* e em que, como conseqência, o avanço científico conduzirá à progressiva ampliação de recursos de investigação, resultando, também, em ampliação dos próprios conceitos científicos sobre a realidade Universal. Assim o supranormal de agora poderá reduzir-se ao campo do normal de amanhã. Por outro lado (quem sabe?), a esse tempo, à base de outros tantos fenômenos, que poderão advir, outras perspectivas hoje nem palidamente vislumbradas, poderão oferecer ao investigador sem preconceitos, de espírito sempre aberto àquela realidade maior, um supranormal atualmente nem pressentido. Pouco a pouco, ora mais lenta, ora mais rapidamente, através do tempo, prosseguirá a ciência sua nobre tarefa, desvendando os divinos arcanos, em busca de cada vez mais perfeita compreensão da natureza e da vida, que se manifesta nos diferentes reinos, como evoluindo inexoravelmente para o mais belo e mais perfeito.

Capítulo III

Da conjuntura parapsicológica do supranormal em parapsicologia

Este assunto, desejamos considerá-lo em termos extraordinariamente amplos. Daí, a razão pela qual associamos à parapsicologia ou metapsíquica, a posição que, a nosso ver, melhor se ajusta ao termo psicobiofísica.

É que, conforme estudaremos, as nossas pesquisas envolvem nitidamente contatos com seres de aspecto humano, porém de outras condições evolutivas, não pertencentes à nossa humanidade. Sendo assim, que perspectivas se abrirão no âmbito das possibilidades de vida e de seres, decorrentes de condicionamentos outros pelo infinito desse espaço que se nos abre à vista e à meditação?!... A bioquímica, que estaria à base dessas outras evoluções, as estruturas psicológicas, que eclodiram e se formaram em outro ambiente físico, certamente análogo ao nosso, mas não necessariamente igual; tudo isso são perspectivas novas de perquirições que abrem novos campos à investigação. E a ciência física ou mecânica subjacente a tal técnica demonstrada – patente ora em deslocamentos que põem em choque a *lei da inércia*, ora em processo de invisibilização precedido ou não de névoa envolvente que, súbito, desaparece junto com o objeto, ora luz condensada que perfaz figuras geométricas etc..

Daí pensarmos que teremos que lidar, em quaisquer tentativas conceituais nesse campo, com a reformulação integral de um sem número de conceitos dessas áreas científicas, face ao cientificamente agressivo desses fenômenos. Não nos caberá, evidentemente, tal ousada ou transcendental tarefa. Por isso, depomos sobre os fatos e apenas insinuamos algumas hipóteses que a intuição oferece, porém racionalmente defensáveis, aceitáveis.

Conceituando supranormal, como já o fizemos, com facilidade vê-lo-emos permear toda a parapsicologia, de vez que na experimentação parapsicológica se mostra em evidência o insólito da superação do espaço e da liberação do tempo.

Em verdade, se vivemos absolutamente condicionados ao espaço e ao tempo, aquele dando-nos a consciência de posição em relação a coisas, seres ou entidades dos ambientes em que nos encontramos e este, conscientizando-nos da dinâmica do fluxo dos acontecimentos, algo que fuja a esse condicionamento, qualquer fenômeno que demonstre flagrante independência dessa tridimensão espacial, dessa mono-dimensão temporal, constitui desafio aos rigores de nossa consciência científica. É exatamente, por isso, na verdade, que a fenomenologia parapsicológica, tocada dessas virtudes liberadoras de tempo e espaço, tanto agride ao senso objetivo das pessoas e, mui particularmente, daquelas que houverem por bem imaginar-se donas de toda a verdade e capazes de *decretar o limite do possível*.

De fato, quando aceitamos as conclusões do professor Rhine, segundo as quais o fenômeno parapsicológico é *extrafísico*, já nos apercebemos de que, mesmo dentro do rigor científico atestado pelo seu método de pesquisa, pleno das exigências maiores da estatística matemática, está a ciência atual, sem dúvida, no limiar de um outro "mundo", o *não físico*, ao impacto de uma realidade maior que se impõe ao pensamento, à investigação credenciada dos laboratórios, institutos e universidades.

Tal a importância desse campo. Como então deixar de considerá-lo digno dos maiores cuidados, de uma honesta e intensa pesquisa? Eis, pois, o nosso propósito, com este pequeno trabalho: dar ênfase ao que conceituamos como supranormal, não físico, no âmbito da parapsicologia, apresentando alguns dos seus mais expressivos e contundentes fenômenos. Em seguida, mostrar esse mesmo supranormal numa extraordinária fenomenologia afim com a problemática dos discos voadores, com a qual tivemos ou temos tido imediato contato, mostrando a sua interrelação com a parapsicologia. E, afinal, suscitar, em meios credenciados, a intensificação da pesquisa em ambos esses campos – parapsicológico e de aproximações de DVs (*ufológico*), com vista a um passo para a frente nesses conhecimentos, que se afiguram do mais inegável interesse para o destino humano.

Vejamos, sucintamente, o que se passa no campo parapsicológico, em que se pesquisam, de preferência, fatos submetidos ao *critério da quantidade*, utilizando a estatística matemática, para, ainda nesse campo, a seguir, considerarmos os de qualidade, que já constituem notável acervo de observações, verificações e estudos, desde as últimas décadas do século passado; em capítulos futuros, ressaltaremos as analogias já insinuadas em relação ao outro campo de observação em tela, quando da apreciação de relatórios objetivos que serão então analisados, sobre os fatos realmente surpreendentes de Alexânia.

A) Fenômenos de quantidade

Falar em fenômenos ou fatos de quantidade significa falar em experiências em que se usem métodos e se anotem acertos e erros de uma série mais ou menos longa, em que o percipiente ora procure indicar, sem utilizar os sentidos normais, cartas de um baralho especial, cuja ordem de sucessão ninguém saiba (experiência de clarividência), ora as indique como se colhendo a informação na mente de um operador, que conhecendo a carta, lhe procure transmitir (*telepatia*, mas talvez clarividência em que se veja a própria forma-pensamento na mente do operador?), ora, ainda, anunciar antecipadamente a sucessão de cartas que advirá depois do baralhamento (pré-cognição). Tudo isso em monótonas e exaustivas pesquisas, visando a apurar se o número de acertos obedece à lei do *acaso* ou não, isto é, se uma faculdade diferente ou mais faculdades do homem se exerce ou exercem para os acertos verificados. Experiências análogas, feitas para a verificação da influência da mente sobre a matéria (dados numerados, por exemplo), foram também conduzidos nos mais credenciados ambientes de pesquisas (psicocinesia). A *estatística matemática* comprovou: Sim. Existem essas faculdades. A simples *lei do acaso* não nos socorre. Os fatos pesquisados *conduzem* ao *supranormal*, *não-físico*.

A Parapsicologia e os Discos Voadores

Em seu livro *O Novo Mundo da Mente*, no capítulo em que trata do que ele chama "A realidade não-física da natureza", diz o professor Rhine:

> No momento, bastará dizer que, dentro da zona das investigações PSI, hoje bastante extensa, há uma ausência tão definida de vinculação regular entre a função PSI e os critérios físicos, que a única conclusão possível é de que se trata de duas esferas muito diferentes de princípios causais e que dentro da zona que a Parapsicologia abrange, ou seja o que for que ainda reste da Psicologia, as leis da Física, do Espaço, Tempo e Massa (existirá outra Física?) não são aplicáveis!

E ainda:

> A conclusão atual é, pois, que, nos resultados dos testes PSI, há algo que corresponde a um tipo ou ordem de realidade para além do físico; uma ordem extra-física. Deixemos que o futuro da Física e o futuro da Parapsicologia cuidem de si mesmos!

Vemos, assim, em que termos coloca o professor Rhine a característica *extra-física* do fenômeno parapsicológico. Dessa forma, segundo conceituamos, eis aí o supranormal, permeando esse campo, com aquela tônica fundamental de liberação de *espaço* e *tempo*, que o define.

De fato, se por um lado experiências como as conduzidas com o dr. Carlos Marchesi, em Zagreb, Iugoslávia, envolvendo a identificação de cartas colocadas – como objetivo – a cerca de 4.000 milhas de distâncias do laboratório da Universidade de Duke, USA – e outras tantas, justificam essa perspectiva quanto ao espaço vencido, até mesmo com obstáculos vários interpostos, sobressaindo a própria massa atmosférica a transpor, por outro lado a superação do tempo se patenteia em experimentos como os de Soai e Goldney com o percipiente B.S., em que ficou plenamente ressaltado o *efeito de deslocamento*, de *antecipação*, em que o percipiente, ao invés de anunciar a carta em tela, acertava extraordinariamente a carta seguinte com índice elevadíssimo indicador da ausência do acaso. Era a demonstração da precognição, comprovada exaustivamente em milhares e milhares de outros experimentos. Uma vez verificada essa faculdade, como explicá-la satisfatoriamente sobre bases físicas? Aqui, ostensiva e flagrantemente, se encontra o *supranormal*, fato de dimensão superior, escapando ao contínuo *espaço-tempo* tetradimensional, em que, por definição, no atual estágio do pensamento científico, toda realidade se contém.

Essa extrapolação dimensional, todavia, envolve, outrossim, os aspectos PK, psicocinético, atuação objetiva da mente sobre a matéria. Tais as conclusões de repetidas experiências, entre as quais assinalam-se, particularmente, as do dr. C. B. Nash, em que introduziu ele numa série de pacientes pesquisas, as mais expressivas variações de condições, como sejam de distância, de forma, massa e tamanho dos dados, número deles por lançamento, feito este de diferentes maneiras etc....

Os resultados concordaram com os já conseguidos para ESP (*Extra-Sensory Perception*), convergindo para a conclusão: "as leis físicas não são aplicáveis!"

Diga-se, aliás, de passagem, que o cálculo de probabilidades, em muitos e muitos casos, apresentou resultados impressionantes, como por exemplo, em certa experiência com o sensitivo Linzmayer em que acertou 21 cartas do total de 25, sendo os 15 primeiros acertos sucessivos! Para aquilatar o significado de tal ocorrência, basta dizer que a probabilidade de acaso, apenas para os 15 acertos, se mede pela relação:

$$P=1/3x10^{10}$$

Ou seja, *praticamente nula*.

Que dizer então, para os 21 acertos, se o sensitivo nas 10 cartas restantes ainda acertou mais 6!...

E se disser que, certa vez, – depõe o professor Rhine – com o sensitivo Pearce, se obteve o incrível resultado de acerto integral das 25 cartas!...

Para aquilatar a intensidade da pesquisa conduzida nesse campo, em que, afinal, em consequência, se evidencia o *supranormal*, o não físico, independente do tempo e do espaço, basta dizer, segundo afirma Robert Amadou, que de 1934 a 1940, foram feitas 2.966.348 tentativas de indicação das 25 cartas do baralho Zener ou ESP (cinco símbolos diferentes: círculo, cruz, retângulo, estrela e ondas), as quais foram submetidas à análise matemática pelos professores Greenwood, da Universidade de Duke, Carolina do Norte, S. G. Goal, da Universidade de Londres, e Fisher, também da Universidade de Londres.

Tal o significado das análises, então feitas, seguidas de outras tantas de exaustivas experiências posteriores, que esse destacado parapsicólogo francês Robert Amadou, em seu notável livro – *La Parapsicologie* – assim se expressa:

> Da longa história da investigação lenta e difícil se deduz efetivamente uma certeza que se impõe aos espíritos mais céticos e mais legitimamente exigentes. É a certeza da existência de uma fenomenologia, afirmada há muito tempo, e finalmente, reconhecida, graças ao desenvolvimento do método parapsicológico.

E ainda, entre nós, o próprio pe. Quevedo, a quem não é possível negar amplos conhecimentos nesse campo, invulgar inteligência e penetração nos estudos parapsicológicos, também afirma:

> A demonstração da existência de PSI-GAMA (ESP) é absolutamente definitiva, crucial e incontrovertível!

Nessa apreciação do *supranormal*, em parapsicologia, conceituado, insistimos sempre, como "algo" além do espaço-tempo "einsteiniano", referimo-nos, até aqui, a experimentos versando fatos de quantidade, em que pontificou, segundo o critério vigente nessas pesquisas filiadas à orientação do professor Rhine, a estatística matemática. Na parte B, a seguir, consideraremos, mesmo que sucintamente, os de qualidade, que informam as várias décadas do nascimento e evolução da metapsíquica, cuja herança faz hoje parte ou constitui o campo das preocupações da parapsicologia. Desejamos acentuá-los, incisivamente, na demonstração até agressiva do supranormal por nós conceituado, de vez que será por suas características e aspectos próprios que iremos estabelecer e justificar, em sensível número de casos, a bem maior probabilidade da sua presença na estranha fenomenologia que apreciaremos mais adiante, envolvendo os DVs.

Esses fatos, parapsicológicos ou metapsíquicos, de *qualidade como um todo, e esses outros de âmbito diferente, bem observados por nós em campo aberto*, a nós se afiguram apresentando indiscutíveis afinidades, não obstante cada um desses campos apresentar sua específica problemática. É o que veremos ao longo deste nosso discreto trabalho.

B) Fenômenos de qualidade

De início, diremos como Henri Bergson ao opinar sobre fatos de qualidade, referindo-se à telepatia:

> Um só real bastaria para demonstrar a telepatia, qualquer que seja o número dos falsos, das visões erradas, desde o começo da Humanidade!

"Fenômenos ou fatos de qualidade" assim chamamos os não apropriados ao exame estatístico. Valorizam-se por si mesmos, independentemente de repetição ou repetições.

É óbvio que, se autênticos, evidentemente se repetem ou podem repetir-se, mas não será o número de ocorrências que lhes conferirá o mérito, como acontece com os fenômenos ou fatos que chamamos de quantidade.

Sua realidade não se afirma em termos de probabilidade matemática, como nos casos referidos no capítulo anterior. Evidenciam-se por observações meticulosas, experiências seguras e registros próprios, por meio de aparelhos ou dispositivos físicos adequados ao fim colimado, ora por circunstâncias tais que delas decorre um aceitável índice de certeza, segundo o pleno uso da nossa razão inquiridora e cética.

É esse um campo vastíssimo, examinado, estudado por eminentes vultos do pensamento científico da segunda metade do século passado e do limiar do século em curso, entre os quais destacam-se, pelo valor de sua contribuição, cientistas do porte de William Crookes, eminente físico inglês, descobridor do estado radiante da matéria; Oliver Lodge, renomado pesquisador e físico, também inglês, Alfred Wallace, dr. Paul Gibier, grandes fisiologistas como o professor Charles Richet, da Sorbonne, o professor Ernesto Bozzano, os astrônomos Camille Flamarion e Zöllner, o cel. des Rochas, engenheiro e famoso pesquisador, os drs. Gustave Geley e Osty, do Instituto Metapsíquico de Paris, Frederick Mayer da Sociedade de Pesquisas Psíquicas de Londres e tantos outros, cujas obras constituem inestimável acervo de alta valia científica.

Fica fora do escopo deste pequeno livro minuciar os trabalhos desses cientistas de escol no que se refere à fenomenologia em tela. Todavia, nele se incluirá apontar alguns fatos e experiências marcantes, que justifiquem o seu caráter supranormal, considerados particularmente, em face do objetivo que temos em mira, em relação aos que serão postos e analisados na segunda parte deste trabalho. Seremos breves.

Antecipamos, todavia, que acrescentaremos alguns outros fatos da nossa própria observação e experiência pessoal, a qual tem a virtude de nos conferir, evidentemente, a nós, sensível acréscimo de *índice de certeza,* tal o rigor que pomos em nossa análise, a qual jamais qualquer leitura ou informação de possível outra fonte poderia proporcionar. Traduzem vivência, autênticos contatos com dimensões superiores da realidade, conforme largamente expostos e analisados em nosso precedente trabalho intitulado *Além da Parapsicologia – 5ª e 6ª Dimensões da Realidade.*

Selecionaremos, a seguir, observações e experiências em que está, com evidência, o supranormal parapsicológico na problemática dos discos voadores, que exporemos na 2ª parte, conclusão esta decorrente da parecença, da sensível similitude dos fenômenos de ambos os campos, uns observados, verificados em ambiente fechado, outros em ambiente aberto de uma fazenda, vistos de perto ou longe, em encostas, baixios ou alturas físicas ou em pleno espaço. Havendo nós, com fundamento nos fatos parapsicológicos apontados no depoimento constante daquele supra-citado livro, inferido, logicamente, duas outras dimensões de realidade: *hipertempo* e *hiperespaço*, configurando uma realidade maior em que se abrigaria toda a possibilidade dessa fenomenologia transcendente – aqui caminharemos para inferência análoga, lançando a ampla *hipótese* de que *seja possível*, em larga medida, se não com 100% de certeza, que certos fenômenos específicos de nossa observação impliquem, outrossim, verdadeiramente outras dimensões. Esses fenômenos nelas se originam e como que desceriam ao nosso campo tri ou quadridimensional, em que se enfoca a nossa consciência, promovendo a limitação conceitual da realidade, a qual nos restringe às concepções e faz com que nos sintamos agredidos, mentalmente, perante fatos inexplicáveis, em aparência absurdos, mas legítimos, verdadeiros. Vejamos, então, alguns desses notáveis fatos, comprovados ao longo da experimentação metapsíquica, que vem de quase um século. Queiram ou não os que ainda hoje são tímidos nesse campo, por política de segunda intenção deformante, como acontece aos supostos cientistas, ou mesmo cientistas, mas impregnados de motivações religiosas, ou, ainda, os verdadeiros pesquisadores, seguros e puros de intenção, mas enquistados no seu próprio círculo fechado – *será* ou constituirá sempre aquela base metapsíquica, que vem dos idos do fim do século passado e primeira metade do presente século, o *cerne* da ciência parapsicológica e, paradoxalmente, também o grande estímulo para as suas pesquisas, visando ao seu elevado destino.

Começaremos com as materializações. Delas citaremos apenas algumas das mais famosas e altamente credenciadas pelo alto valor dos pesquisadores envolvidos.

a) Katie-King – Florence Cook – Experiências de Crookes

Em ambiente de seu próprio laboratório, sob os maiores rigores de um controle atento, com condição mui favorável de observação, sob luz de lâmpada própria, corporificava-se Katie. Plenamente materializada, vista por todos os presentes, certa vez, diz o grande sábio inglês, assim permaneceu por mais de 2 (duas) horas. Conversou, então, com seus filhos, acrescentava Crookes – contando-lhes histórias de sua vida passada na Índia!... Diz, ainda, Crookes em uma de suas famosas cartas à Sociedade de Pesquisas Psíquicas de Londres, da sessão de despedida daquele ser, quando viu Katie ao mesmo tempo que Florence Cook, podendo concluir que realmente constituíam dois seres a parte. Perfeitamente distintos. Isso não só física, como psiquicamente, de vez que se uma (Katie) anunciava partir para não mais voltar, pois cumprida estava sua missão, a outra, sentida, imersa em lágrimas, pedia que não se fosse, que voltasse etc....

Aliás, ainda nessa última sessão, Katie corta pequenos pedaços de sua túnica e oferece como lembrança aos assistentes, vendo todos, que, ao destacá-los, passando a sua mão no local, se reconstituía aquele tecido!...

Quanto de inabitual, de supranormal, aí, nesse relato, se contém?!... Aparente subversão de condicionamentos básicos de nossa existência e em outro nível, além do que o espírito científico poderia admitir ou explicar..., de vez que aí em cheque se acharia a biologia, a fisiologia, a física, a química, a psicologia etc... E esse ser (Katie), com todas as suas qualidades físicas e psicológicas, donde proviria, em que condições pregressas, existiria ou atuaria, mantendo as suas capacidades de ação e, pois, de manifestação? Responderíamos: para além do espaço tridimensional, no hiperespaço, cuja existência inferimos lógica e inexoravelmente em nosso livro citado.

b) Esther Livermore - Elizabeth Fox - Experiências de Livermore

As também célebres experiências conduzidas pelo banqueiro Livermore, utilizando as notáveis faculdades de Elizabeth Fox, em que tomava corpo físico sua esposa Esther Livermore, dando-lhe as mais expressivas demonstrações de sua autenticidade?! Sim, desde a sua beleza fisionômica que emergia de uma belíssima cabeleira, que inicialmente a velava, mostrando-se sorridente e feliz, até o talhe e perfeição da letra que lhe era característica, em mensagem que, ali, naquele ambiente escrevia. Ainda mais: essas experiências se passavam à luz estranha de globos de luz que surgiam e cuja fonte jamais pôde ser identificada como do ambiente físico das experiências!... Dizia-se provir de uma energia astral ou etérica manipulada pela sabedoria e pela técnica especial de Benjámin Franklin, o célebre físico, que também sempre se mostrava em plena forma física! Aliás, segundo descreve Ernesto Bozzano, em seu extraordinário livro *A Propósito da Introdução à Metapsíquica Humana*, certa vez, deixou-se Benjamim Franklin examinar minuciosamente à lanterna de luz normal e sob ação dessa luz, todos viram desfazer-se ele até desaparecer.

A materialização é análoga à de Katie e consta de minuciosas atas dessas experiências assistidas por notáveis sábios da época. Muitas vezes levitava Esther Livermore naquela plenitude da estranha luz, flutuando em torno dos assistentes!

Evidentemente, é um caso análogo ao precedente, de Katie, em que o hiperespaço se impõe, ambiente cósmico de uma vivência em dimensão superior da realidade. Aí, o supranormal, isto é, algo além da quadridimensão do contínuo espaço-tempo, se afirma indiscutível. Viveriam esse ser e os demais que se apresentavam, em um plano etérico?

c) Yolanda – Nepenthes – Mme. d'Esperance – Aksakof

A luz normal, baixa, com a médium Mme. Esperance plenamente consciente e nesse estado, participando do círculo de assistentes, materializa-se um ser a si se chamando Yolanda. De acordo com a descrição da reunião, apresenta-se ela com objetividade absoluta, falando e dialogando. Tornou-se célebre a ocorrência de seu encontro com pessoas da família que a acarinhavam, abraçando-a efusivamente, na descrição da própria Mme. d'Esperance, que nela própria sentia os gestos e os toques, como se *ela e Yolanda fossem uma*. É que devia haver participação material da médium naquele fenômeno fornecendo matéria ectoplásmica a um ser com personalidade própria, sentimento, inteligência e capacidade de ação. Estaria normalmente no hiperespaço e assim atuava, manifestando-se em plenitude no físico do nosso ambiente vivencial.

E o caso de Nepenthes, referido pelo notável experimentador russo Aksakof, que, com auxílio ainda de Mme. d'Esperance, se materializou, em círculo restrito organizado em Estocolmo? Descrita como uma grega de extraordinária, impressionante beleza, que acabou deixando mensagem em grego antigo, desconhecido de todo os presentes, só depois decifrada, traduzida, analisada?!... De onde proviria esse belo, extraordinário ser, que deixou marco incisivo de sua realidade, física e psíquica?

Encontra-se aí o supranormal, que conceituamos, *libera-*

ção do espaço, como o conhecemos, naquela presença do ser, dele independente, por ser uma realidade *física* e *psíquica*, antes não presentes nas suas três dimensões. *Liberação do tempo*, demonstrada na integração de um passado remoto, que ela revive subitamente, naquele instante, comprovado na perfeição com que escreve aquela *língua morta!... Grego antigo!...*

d) Outras experiências – Indicações e referências

Nessa ordem de apresentação de notáveis experiências que deram estrutura e vida à Metapsíquica, iríamos demasiado longe, que a literatura a respeito é vasta, imensa. Que o leitor, que porventura se interesse, leia: o *Tratado de Metapsíquica* de Richet, os notáveis trabalhos do Barão Albert Von Schrenk-Notzing recentemente publicados em livro sob o título *Problemas Básicos de Parapsicologia, Espiritismo ou Farkirismo Ocidental*, do dr. Paul Gibier, a *Introdução à Metapsíquica Humana* de René Sudre, atualmente reeditada sob o título *A Parapsicologia, As Forças Naturais Desconhecidas* de Camille Flamarion, *O Espiritismo Científico* de Aksakof, *Do País das Sombras*, de Mme. d'Esperance e, além de muitos e muitos outros de notáveis cientistas, os magistrais trabalhos do grande fisiologista italiano Ernesto Bozzano, entre os quais destacaríamos: *A Propósito da Introdução à Metapsíquica Humana*, (análise do livro já citado de René Sudre), *Marcas e Impressões Supranormais de Mão de Fogo, Xenoglossia* etc.. ... e não esquecendo o *Do Conhecimento Supranormal* do dr. Gustave Geley.

No conjunto dessas obras, destacar-se-ão fatos e mais fatos, comprovações e mais comprovações de que dimensões superiores da Realidade Cósmica nos envolvem e caracterizam ambientes, onde e de onde, tudo indica, devem operar inteligências superiores, tendo a seu serviço um conhecimento e uma técnica que escapam de todo às possibilidades humanas atuais.

Para não sermos demasiado omissos com referência a esses fatos de qualidade, cujo valor disse Bergson o que já referimos, quanto a que *um só verdadeiro* demonstraria a telepatia, finalizaremos este capítulo, salientando um razoável número deles em que o supranormal extra-físico parece presente:

– As célebres levitações de Douglas Home e também os fenômenos de incombustibilidade (domínio do fogo) que apresentava, investigados por W. Crookes.

– A desmaterialização parcial do corpo de Eusápia Paladino, analisada, experimentalmente, por Aksakof em seu extraordinário livro: *A Desmaterialização Parcial do Corpo de Um Médium*.

– A formação e utilização de alavancas psíquicas (ectoplásmicas) tão bem estudadas pelo notável físico inglês Crawford, de Dublin, em seu livro *Mecânica Psíquica*.

– Os fenômenos de *escrita direta* sobre lousas de faces justapostas, nas quais se escreviam mensagens, sem qualquer condição de utilização de lápis ou *crayon* normais, nas experiências do astrônomo Zöllner com o médium Slade.

– As famosas ocorrências de materializações de Belém do Pará, em que um ser materializado, que se dizia florista, Anita, se comprazia em fazer flores de cera e um outro – dito João – fazia moldagens de mãos, braços e pés, utilizando ele material fervente!... Consta tudo isso a par de muitos e muitos outros expressivos e contundentes fenômenos, do livro intitulado *O Trabalho dos Mortos*, de autoria de J. N. Faria com a colaboração do Maestro Bozzi.

O fato assinalado, ainda por W. Crookes, em que pôde observar, com luz razoável, uma flor, com apreciável haste, atravessar o campo de uma mesa, consignado no livrinho intitulado *Fatos Espíritas*.

– Os fatos de cura supranormal tão bem assinalados por C. Richet em seu magnífico livro *A Grande Esperança*, mais tarde corroborados pelo famoso cientista Alexis Carrel, quando de sua emocionante visita à Gruta de Lourdes, acompanhando enfermos. Assistiu a um caso de cura em apenas duas horas. Assim depõe de uma jovem absolutamente irrecuperável sob o ponto de vista médico, com acentuadíssima inflamação mesentérica, um ventre dilatadíssimo que, nesse tempo (duas horas), se retrai e uma fisionomia, antes de moribunda, que retoma o colorido de vida normal!...

– Toda a fenomenologia que apontamos, nós próprios, de nossa experiência pessoal, em nosso livro já referido, *Além da Parapsicologia*, a qual, corroborando todos os fenômenos já até aqui referidos, ainda acrescenta, particularmente, os *de transporte*, em que objetos, cravos e flores penetram em ambientes controlados, atravessando sólidos obstáculos, colocados, assim, de forma *agressivamente supranormal*, em recintos fechados, absolutamente inacessíveis a qualquer comunicação normal com o exterior?!... A esse respeito, sabe-se do museu que organizou o célebre escritor inglês Conan Doyle, que se constituía de imenso número de objetos da mais variada natureza recebidos assim: por via supranormal.

– Enfim, extraordinários fenômenos de produção de luz, ora fosca, ora brilhante, ora concentrada em focos que se deslocam lenta ou rapidamente no ambiente, em surpreendentes trajetórias, ora difusa, fraca ou intensa, mas apresentando-se de tal forma que não se pode verificar, se não apenas inferir, a fonte de sua projeção. Sobre esses fatos luminosos, depomos nós, em nosso livro já citado, exaustivamente, onde os analisamos no seu caráter indicativo de operação de seres hiperespaciais.

Encerrando este capítulo, desejamos atente o leitor para a característica fundamental desses *fenômenos*: a implicação do hiperespaço, onde possa encontrar-se a raiz de toda essa fenomenologia, não só da possível *inteligência-consciência* diretora, ser ou entidade, que os possa promover ou ajudar a sua eclosão, como, também, das energias subjacentes a formas superiores da própria substância, energias essas e formas de substância possivelmente utilizadas nessa demonstração fenomênica progressiva que, afinal, se revela, se manifesta no espaço em que existimos.

Veremos, no decorrer deste trabalho, parecenças e similitudes entre esses fenômenos, que vimos de apontar, e que se passam, como regra, em ambientes limitados, fechados, e aqueles outros, que apresentaremos e analisaremos na 2ª e 3ª partes, os quais se passam em campo aberto, em planuras, encostas e montanhas, estradas, campinas e floresta. É que no Planalto Central, próximo a Alexânia (Goiás), onde pesquisamos persistentemente, sabemos que estamos a lidar com fenomenologia atípica, em relação aos dois campos: parapsicológico e "ufológico" ou discológico, dado o ambiente em que se passa. Não nos cabe, todavia, duvidar que os fenômenos, pelo observado, se relacionam incisivamente com o das atividades dos discos voadores anotadas nas diferentes partes do mundo, apresentando, porém, no caso em tela, uma tipicidade própria a permitir lógicas ilações sobre se acharem a esses fatos subjacentes conteúdos de caráter afim com o daqueles outros da pesquisa parapsicológica por nós apontados. Longe estaremos, porém, de querer defender integralmente uma teoria parapsicológica para o fenômeno disco voador como um todo, teoria, aliás, já levantada nos Estados Unidos e referida pelo professor Herman Oberth em congresso realizado em Utrecht.

Todavia, estamos em que bem próximo à verdade é dizer que existem notórias analogias, inclusive, no fato de se constituírem, ambos, um palpitante problema, mesmo a maior interrogação deste passo de século em que vivemos.

Em verdade, antecipando-nos, diremos que nos fenômenos telepáticos, de clarividência, precognitivos, de aparições súbitas e projeções luminosas, formações nevosas etc., ocorrentes a todo momento nas observações da nossa pesquisa, em Alexânia, se demonstra a concomitância das forças e condicionamentos desse campo parapsicológico, aparentemente limitado ao ser humano. É que não haverá, por certo, essa limitação. O ser consciente em evolução, ao que parece, será substancialmente o mesmo, quaisquer que sejam os sistemas planetários ou solares a que pertençam, de vez que se afigura certa a unidade da energia e do espírito, revelando-se, porém, em campos energéticos, materiais e espirituais de características diferentes, próprias da vastidão infinita e da infinita flexibilidade do *Planejamento da Mente Cósmica,* associado ao seu *Ilimitado* ou *Infinito Poder de Realização.*

Foto 1 – "...uma enorme mancha escura, em forma de charuto inclinado". (Relatório n.° 6). O Original: Esc. Edmar Lins (26/12/1968).

Capítulo IV

Os discos voadores na conjuntura mundial

Atualmente, parece-nos já sem sentido a pergunta: Existem os discos voadores? Em verdade, os fatos de aparições e contatos têm acontecido exuberantemente, tornando-se notícia de âmbito quer nacional, quer, em alguns casos, internacional.

Projeta-se sempre, em todos os meios que se interessam por esse assunto, o triste fim do Cap. Mantell, que em janeiro de 1948 encontrou a morte nos espaços próximos ao Forte Knox e à Base Aérea de Godman. Pilotando um dos quatro aviões de caça, perseguição provada impossível, já a grande altura, quando seus três companheiros desistem e regressam, diz ele, ainda, à base de controle:

> A coisa está por cima e a sua velocidade é igual ou superior à minha. Vou subir até 7.000 metros. Se não conseguir chegar mais perto, abandonarei a caça.

E assim, também se despede da vida daí a alguns instantes, ficando apenas da fatídica aventura restos despedaçados, quiçá pulverizados, do seu aparelho.

Com a sequência de aparições por toda a parte sobre o território americano e sobre a Europa, bem como ocorrências extraordinárias em outras partes, eis que se inicia o vivo interesse das autoridades americanas revelado no "Projeto Blue-Book", em consequência do qual, pelo menos, uma conclusão, e importante, foi tirada:

Além da fantasia, dos enganos de observação, dos balões de sondagem, dos fenômenos meteorológicos etc...., além de tudo isso, ainda restava o inexplicável: "coisas não identificadas", os *Unidentified Flying Objects*!...

Passa-se o tempo e ondas de ocorrências invadem a Europa. Traçam-se cartas ortotênicas, indicando ou deixando ver como que num sentido de planejamento em pesquisas no sobrevôo de amplas áreas por essas "coisas não identificadas".

Pouco a pouco, vai-se tomando conhecimento de incidentes expressivos, incisivos na sua evidência, que, de imediato, os céticos repelem, não obstante essas evidências, mas que impressionam e dão muito em que pensar a quem, honesto consigo próprio, saiba que a evolução científica reformula conceitos e demonstra, muitas vezes, impossibilidades pretéritas, como as que seguem:

a) Correntes elétricas nas pernas de uma rã? Impossível, o que seria aquilo?... Hoje, toca-se um botão, comanda-se e a energia flui movimentando indústrias e oferecendo confortos;

b) Um simples aparelho mecânico, material, estranho, substituir a maravilha da fonação humana? Mentira, ventriloquia! Um sábio agride o "impostor" em plena Academia Francesa!

c) Roubar ao céu a energia do raio das tempestades incontroláveis, domando-a para absorvê-la nas profundidades da terra? Riso e sarcasmo de cientistas e técnicos que ridicularizam Benjamim Franklin! Hoje, proteção e segurança para os nossos lares, a nossa vida, as nossas grandes realizações em edifícios, construções e instalações de toda ordem...

d) Erguer-se do solo, dominar os espaços? *Absurdo* realizado pelo gênio de Santos Dumont e os irmãos Wright e, hoje, os supersônicosjatos correndo céleres pelos espaços planetários!

e) A sequência das imagens, o controle de ótica e fotografia, as maravilhas das produções cinematográficas, de televisão etc.... Quem pressentiria ou imaginaria tal no início deste século?!

f) Luz transformando-se em som, som gravado pela luz, tudo isso nos oferecendo informação, arte, beleza, cultura, ciência, euforias de vivência feliz na intimidade do nosso lar ou em ambientes próprios, harmonias que caminham pelo éter e nos chegam ao lar, ao coração, quanto de extraordinário e não pressentido mesmo nos longes poucos longes das primeiras décadas deste século?

Por tudo isso, temos esperança que o enigma dos discos voadores, o grande acontecimento desta segunda metade do século XX, ora apresentado como verdadeiro desafio às capacidades do orgulho humano, uma vez solucionado, irá proporcionar um mundo de reformulações científicas, filosóficas e religiosas. Por essa razão, os que têm oportunidade de estudá-lo, em contato com o problema, a nosso ver, devem plenificar-se de responsabilidades que lhes cabem naquele sentido de levar uma pequena colaboração que seja à tarefa maior daquela solução.

Por isso é que procuramos viver o sentido dessa responsabilidade e persistimos até com certo sacrifício, tudo muito justificado pelo indiscutivelmente significativo que temos colhido no campo dessa fenomenologia extraordinária. Todavia, antes que consideremos as nossas próprias observações de Alexânia, vamos dizer um pouco da conjuntura mundial, de vez que desejamos, em nossas posteriores análises, ter condição de referir e relacionar o que observamos com o que vem sendo observado, visto, proclamado em todo mundo, particularmente depois de 1947, versando o assunto em tela, isto é, o problema ou problemática dos discos voadores.

Tratando-se de um trabalho discreto, visando mais à apreciação e análise dos fenômenos de observação do nosso grupo de pesquisas, destacaremos apenas alguns fatos marcantes e expressivos dessa conjuntura mundial.

Aspectos conjunturais

Com o fim de por de lado, de imediato, qualquer dúvida sobre a seriedade e evidência desse problema, referiremos aqui, com o propósito de conferir-lhe ênfase, o observado e registrado no radar da Torre de Controle do Aeroporto de Washington: 14 pontos característicos à mostra denotando a presença de 14 objetos voadores ali não identificados. Em pouco, surgem mais 4 pontos. Vimos isso em filme que assistimos, a convite de elementos da embaixada americana, quando estagiário da Escola Superior de Guerra, em 1960. Foi, aliás, esse filme o primeiro e, talvez, único até agora, liberado pela Força Aérea Americana (USAF). Os quatro pontos, que sobrevieram, vistos no radar, indicavam jatos dessa Força Aérea, em missão de aproximação e informação. Poucos instantes e tudo desaparece: os 14 pontos-objetos subitamente se vão e os 4 jatos passam tranquilamente na tela do radar.

A seguir, tudo recomeça e, agora, 2 jatos americanos chegam àquele teatro aéreo. Os 14 objetos reaparecem e, agora, os cercam, fazendo um anel perfeito em torno deles, o qual progressivamente se aperta. O comando dos dois aparelhos mostra-se emocionado com o que vê em torno, deixando perceber isso em sua voz e entonação, tudo gravado e filmado. Será preciso dizer mais para estranhar, que, alguns anos depois, a famosa Comissão Condon venha a público declarar nada haver de interesse especial nesse campo?!... Quando se vê que até aí se acha implicada a segurança nacional?!... Sendo um cientista de escol, ser esse homem levado a tal contingência de negar dezenas, centenas e milhares de evidências por todo o mundo?!...

Há ainda mais. No "4º Colóquio Brasileiro sobre Objetos Aéreos não Identificados", realizado em São Paulo, organizado e presidido pelo professor Flávio Pereira, do qual participamos, distinguido que fomos com a sua Presidência de Honra, lemos em público trechos do semanário americano *New Look*, de setembro de 68, em que se evidenciam a certeza e a preocupação da Força Aérea no campo dessa pesquisa, quando ali se transcrevem trechos de um manual de instrução destinado aos cadetes de sua *Academia de Colorado Spring*, aconselhando, instruindo e advertindo sobre esses "objetos não identificados".

Dentro, pois, da linha por nós traçada, neste capítulo, daremos ainda ênfase à importância do assunto em tela, fazendo referências e citando alguns casos de relevo que caracterizem a conjuntura mundial, para podermos, por um lado, situar-nos com as nossas observações no contexto dessa conjuntura e, por outro lado, situar bem no problema o leitor "não iniciado". Cumpre-nos mais uma vez afirmar: escrevemos por ajuizarmos ter algo útil a dizer sobre tão relevante assunto, desde que, por bastante tempo, e ainda agora, não somos observador fortuito ou aquele que se informa e colige dados de testemunhas. *Participamos de observações sistemáticas, em que se sentia a tônica da intencionalidade na demonstração de uma fenomenologia característica.* Além disso, cumpre dizer do quanto estimaremos poder despertar o interesse de muitos que ainda são desinteressados, indiferentes ou inadvertidos da seriedade e significação dessas surpreendentes ocorrências de tão provável repercussão, talvez a não longo prazo, na vida planetária. Deixaremos aqui para esses ainda pouco informados e que desejarem situar-se rapidamente no assunto, a indicação de quatro notáveis obras, que destacaremos do quadro da já ampla literatura a respeito:

O Livro Vermelho dos Discos Voadores, do prof. Flávio Pereira.

Os Discos Voadores (Fantasia e Realidade), do cmt. Auriphebo Berrance Simões.

Discos Voadores – Imprevisíveis e Perturbadores do prof. Felipe Machado Carrion.

Rapporto Perego Sull'Aviazione di altri Planeti por A. Perego, oficial do Estado Maior do Exército Italiano.

Esses livros encerram uma exuberância informativa impressionante, chegando o livro do prof. Carrion à citação de 1484 fontes, com que documenta o seu admirável trabalho. São astrônomos, físicos especializados, meteorologistas, generais e marechais, comandantes de Forças Aéreas etc... São jornais e revistas, relatórios oficias e de dezenas de associações particulares, todos depondo e afirmando. Até o famoso general Mac--Arthur, o legendário herói americano do Pacífico, ali aparece em sua célebre declaração ao *New York Times* em 8 de outubro de 1955, em que prevê "ataque de seres de outro planeta". E, ainda, sua confirmação, sete anos depois, dirigindo-se aos cadetes de *West Point*, a qual, *data venia*, aqui transcrevemos:

> Agora não trataremos apenas com entes de nosso planeta, mas com outros de distâncias ilimitadas e até aqui de impenetráveis mistérios do Universo. Falamos do último conflito entre a unidade da raça humana e a de sinistras forças de outros planetas galáticos.

De acordo com o que já indicamos, prosseguiremos, agora,

referindo alguns casos bem objetivos, sem preocupações cronológicas, a não ser a indicação de que se situam após 24 de junho de 1947, quando, no dizer do cmt. Auriphebo Simões, um americano, Kenneth Arnold, iniciou a "era dos discos voadores".

Assim descreve ele essa observação de Kenneth Arnold, nas alturas a sudoeste do Monte Rainier, quando voava em seu avião particular de Chahalis para Yakime, Estado de Washington:

> Voava ele a cerca de 3.000 metros de altura, quando percebeu um lampejo na asa de sua aeronave. Olhando para a esquerda e ao norte do Monte Rainier, verificou uma série de clarões sucessivos, muito ao longe. Intrigado, o piloto aguçou sua atenção e constatou que os clarões provinham de nove objetos cintilantes que, através da distância, poderiam ser nove aviões. Os objetos voavam de norte para o sul, em formação diagnonal à linha de vôo, cerca de cem metros acima do nível em que Arnold se achava. À distância, cada objeto parecia ter o tamanho de um DC-4. A formação se aproximava rapidamente do Monte Rainier, oscilando simultaneamente, uma vez ou outra, e com tal precisão, que os objetos pareciam estar ligados entre si.

E ainda diz:

> Arnold verificou, então, que os supostos aviões eram desprovidos de cauda e apresentavam uma silhueta bem definida contra a neve e tinham forma de *frigideiras sem cabo* ou *pires invertido*.

Ainda se colhe nesse precioso livro que "até os primeiros meses de 1953, a série (de observação) tinha atingido, a partir do caso Arnold com o nº 1, o número de 4.400, representando, segundo o então Capitão Ruppelt, que durante certo tempo foi encarregado da investigação oficial, apenas 10% das observações efetuadas nos Estados Unidos".

É que esses casos tinham sido apenas "aqueles cujos relatórios atingiram os escritórios do *Air Technical Inteligence Center* (ATIC), entidade do governo americano destinada ao estudo de todas as informações, porventura obtidas sobre aeronáutica".

Por aí, vemos o imenso número de ocorrências sobre o território americano, em relativamente pouco tempo. Outro tanto poderíamos verificar sobre o continente europeu, em que se destaca a onda de 1954 sobre a França e que possibilitou o desenho das cartas ortotênicas, a que já nos referimos.

O livro do professor Flávio Pereira, em sua "II Parte – Os Métodos", no capítulo em que trata dos "Elementos do Problema", é exaustivamente informativo, pondo qualquer leitor atento bem ao nível da suma importância e do interesse mundial que esse problema encerra. Diz dessas ocorrências e das reações suscitadas nos meios científicos e governamentais.

No quadro geral dos condicionamentos dessa conjuntura mundial, não há como deixar de lado a seriedade das informações contidas no livro do prof. Felipe Carrion, no impressionante capítulo sobre "Raptos, Agressões e Mortes por DVs". É que muitos fatos, graves incidentes, têm mostrado que, em faixa não ampla, mas um tanto apreciável, fogem muitos desses seres visitantes aos nossos conceitos de bondade e amor... É mister, pois, advertir-nos seriamente disso e cuidar-nos nessas aproximações e contatos, na medida em que isso dependa de nós. Todavia, depomos em favor da aparente alta evolução dos seres que operam onde pesquisamos (Alexânia), os quais, tudo indica, têm demonstrado, além de uma capacidade técnica muito acima da nossa, critérios afins com relação ao respeito à integridade físio-psíquica de todos nós. Haja vista a forma por que se afastou aquela esfera luminosa de que nos aproximamos demasiado no dia 22 de maio de 1969 (Relatório nº 13) e a maneira progressiva, paciente, com que prepararam o primeiro contato testemunhado pelo grupo, sem jamais molestar o sr. Wilson Gusmão, proprietário da fazenda, que iniciou essa aproximação certa madrugada, em que foi atraído para o campo. Como a nós aconteceu, afastavam-se sempre essas luzes, todos o sabiam, dos mais imprudentes ou ambiciosos que delas se aproximassem demasiado!

Será porém, de grande proveito, insistimos, a leitura desse capítulo impressionante do magnífico livro do prof. Carrion, particularmente por aqueles que desejem preparar-se para contatos com esses seres ou os que possam ter sem procurar. Advertir-se-ão de sua seriedade, de seus perigos e poderão decidir sensatamente em face do que possam defrontar.

A Parapsicologia e os Discos Voadores

A) Alguns casos notáveis

1) O caso de 7 de janeiro de 1948, quando perdeu a vida o capitão Thomas Mantell, já por nós referido, passado nas alturas da Base Aérea de Godman, próximo ao Forte Knox, a ele voltamos para a minúcia do aspecto do objeto. O coronel comandante dessa base e seus oficiais, todos viram, ao binóculo:

> Um corpo brilhante havia passado por entre as nuvens, emitindo lampejos alaranjados, como se dispusesse de estranha fonte de propulsão. Os lampejos podiam ser observados através da tênue camada de nuvens. Um dos oficiais presentes calculou o tamanho do objeto, tomando por base a altura conhecida das nuvens. A conclusão foi a de que eles nunca haviam visto coisa semelhante.

Assim está, em transcrição do acontecido, no primeiro contato da oficialidade da Base de Godman com o fenômeno. Segue-se o que já indicamos quando da referência inicial que fizemos ao caso Mantell no sub-capítulo anterior, tudo depondo em favor da flagrante e indiscutível autenticidade de tal ocorrência.

2) Outro caso também impressionante ocorreu depois naquele ano de 1948, no dia 23 de julho, com um avião DC-3 da Eastern Airlines que decolara de Houston, Texas, para Atlanta, na Geórgia. Tomamos ainda, ao livro do cmt. Simões, algumas passagens do relato sobre o fenômeno, baseada nas descrições do mui experimentado piloto Garence S. Chiles, que então contava mais de 8.500 horas de vôo e comandava o DC-3 em tela e do capitão John B. Whitted seu co-piloto, antigo comandante de um avião B-29, durante a última guerra, ambos, pois, altamente capacitados.

Um objeto em forma de fuso foi avistado, aproximando-se a grande velocidade, voando em sentido contrário e na mesma altura. Indignado, o cmt. Chiles vê logo após o perigo do encontro com o estranho aparelho, obrigando-o a um desvio violento para a esquerda, quando aquela "coisa" se desviava também, mas na direção oposta, passando os aparelhos muito próximo um do outro. Assim transcrevemos:

O intruso não tinha asas; media cerca de 80 metros de comprimento e mais parecia um charuto; a parte dianteira, onde deveria localizar-se a cabina do comando e com a qual externamente parecia, estava intensamente iluminada por uma luz comparável à do magnésio; a fuselagem que era duas vezes mais larga que a de um avião de bombardeio, não tinha lemes de direção ou de profundidade, mas tinha uma fileira dupla de janelas etc... etc...; na parte traseira do torpedo voador, havia outro escape de gases de cor vermelha; essas flamas eram aureoladas por uma cor mais clara". Referindo-se ao que se passou, quando do desvio violento, que evitou a colisão: "nesse momento, pelos tubos de escape de gases saiu um tremendo jorro de chamas, como se o aparelho desconhecido estivesse usando a potência máxima etc....

Além dos dois pilotos, apenas um passageiro viu o estranho objeto, de vez que os demais dormiam àquela hora tão avançada da noite, três da madrugada.

3) Notável, também, o caso ocorrido com o operário Truman Bethurum, que fez precisa descrição, constante do pequeno e interessante livrinho *O Cientista e o Disco Voador* da autoria de Marc André. Ao perlustrarmos essas páginas, recordamos que a imprensa do Rio de Janeiro, transcrevendo despachos de agências internacionais, publicadas na época, inseriu o estranho caso do desaparecimento misterioso de um casal, de um restaurante em certa cidade americana. Trabalhando na construção de uma estrada em Mormom Mesa, no Estado de Nevada, a setenta milhas da cidade de Las Vegas, eis que ai, ocorre o fato marcante de sua vida: "na noite de 27 para 28 de junho (1952) que eu vi pela primeira vez um disco voador". Em resumo. Certa noite em que ficara só em seu acampamento, já quase a dormir, é despertado e surpreendido pelo murmúrio de vozes, que lhe chamam vivamente a atenção. Logo após, verificada a existência próxima de seres de pequena estatura, sem, porém, serem anões, isto é, bem proporcionados. Aproximando-se daquele estranho grupo, indaga a respeito do que estaria ocorrendo, recebendo resposta em bom inglês. Pede para visitar o objeto que jaz logo à frente e é tomado energicamente pelo braço e conduzido ao seu interior, onde encontra não *o* Comandante mas *a* Comandante daquela "coisa" que diz chamar-se

A Parapsicologia e os Discos Voadores

Aura Rhanes. Dialogam normalmente e retira-se ele daquele objeto com o pleno sentido do extraordinário que representava. Absolutamente desacreditado, isso não impediu que vários outros encontros se dessem, suscitanto até suspeitas de que se estivesse relacionando com elementos de potência estrangeira com fins perigosos para a segurança nacional.

De tanto falar ao seu chefe imediato sobre o que ocorria, insistindo sobre a autenticidade dos estranhos encontros e em descrever aquela mulher, comandante Áurea Rhanes, eis que, certa vez, em companhia dele, em certo restaurante da pequena cidade – Glendale – encontrou-a, em companhia de outra pessoa. No pequeno livro citado de Marc André há minúcia sobre a forma por que ambos desapareceram misteriosamente, logo após saírem do salão, deixando a mulher, a suposta cmt. Aura Rhanes, um recado para Truman, confirmando ser ela própria, apesar de, por duas vezes, no recinto de refeições, have-lo negado.

De sua descrição, destacam-se alguns pontos que mencionaremos: Apesar das dificuldades com seus companheiros de trabalho, já receosos dos seus contatos, houve mais sete encontros, além dos quatro primeiros que descreve.

Perguntando ele à comandante Aura Rhanes. a razão por que um simples mecânico tinha aquele privilégio do encontro, responde: "Assim são as coisas. Nós procuramos um lugar sem perigo para aterrisar e aconteceu você estar por perto."

São os discos movidos por forças magnéticas e são feitos com material extraído de Marte, sendo possível ver-se através de suas paredes aparentemente opacas.

Para verificar a leveza do objeto, foi-lhe permitido tentar levantá-lo com o próprio ombro. Isto ocorreu, sob a vista e os risos dos tripulantes.

Podiam viajar à velocidade das estrelas cadentes, parar no espaço ou aterrissar em qualquer planeta ou "em qualquer região da Terra e assim faziam aqui para aumentar os seus conhecimentos e renovar os tanques atmosféricos. Mas, no espaço, voavam hermeticamente fechados e isolados da temperatura exterior".

Esses encontros, afinal, não findaram antes que a tal cmt. Aura demonstrasse o que havia dito sobre entender e dominar qualquer língua, havendo, em resposta a uma carta que Truman lhe entregou escrita em francês por uma moça de Glendale, na qual pedia esta que, na resposta, viesse algo em chinês. Respondeu, diz Truman, "com uma mensagem moralista, e em chinês", o seguinte:

> As mulheres chinesas prendem seus maridos com correntes, caso não possam prendê-los com amor.

Concluindo, é interessante notar que esse caso mereceu destaque, selecionado para difusão por agências internacionais de informação.

4) Outro acontecimento de contato, agora, não amistoso, forçado pelas circunstâncias, e resultando em caso clínico, é o que envolve o casal Barney Hill e Betty, que afinal "chegaram a verdadeira crise de angústia" por uma experiência vivida nos arredores da aldeia de Lancaster, no Estado de New Haven, Estados Unidos. Foi publicado em revista nossa de grande circulação, e também se acha minuciosamente tratado no pequeno livro já referido de Marc André.

Vinha o casal do Canadá na noite de 19 de setembro de 1961, em estrada através das White Mountains para Portsmouth, Estado de New Haven, Estados Unidos, quando o seu carro passou a ser acompanhado por estranho objeto, o qual, havendo, afinal, desaparecido, é logo após visto descendo, planando sobre um local um tanto aberto, mais amplo, daquela acidentada estrada entre montanhas. Efetuado o pouso, sendo o casal levado àquela situação forçada, foram conduzidos os dois viajantes ao tal objeto, tudo indica, já sob forte influxo hipnótico ou hipno-magnético, de vez que, daí para adiante, tudo se lhes torna nebuloso. Barney lembrava-se da viva impressão que tivera ao aproximar-se daquele objeto, daqueles seres, quando deixando ele o seu veículo, viu-se atraído para aquele estranho grupo. Lembravam-se ambos, porém, de tudo o que se passara antes desse encontro, em que, observando-o, discutiam sobre o que seria o estranho do seu aspecto e evoluções.

Tudo passado, já próximos de seu destino, eis que ambos analisam o percurso e o tempo decorrido, não podendo explicar duas horas que se haviam passado, pois no ponto em que

A Parapsicologia e os Discos Voadores

estavam deveriam encontrar-se duas horas antes. Com o correr do tempo, angustiados, procuram competente psiquiatra – dr. Benjamim Simon, que os hipnotiza separadamente, recompondo, tudo indica, com felicidade, as minúcias de tudo quanto teria ocorrido a bordo daquela "coisa", para onde teriam sido ambos conduzidos.

Da descrição desse acontecimento e dos informes colhidos por via hipnótica, destacaremos apenas alguns poucos pontos, colhidos no livro já citado de Marc André, que, por sua vez, transcreve trechos de um outro intitulado *The Interrupted Journey*, publicado nos Estados Unidos. São eles:

> Estacionaram o carro em local próprio e contemplaram o objeto luminoso, certificando-se de que se encontrava em movimento. Até aí, examinado ao binóculo, concluíram tratar-se de um satélite. Parecia uma estrela em movimento... "Continuando a viagem, o corpo luminoso aparecia por detrás das árvores ou no topo das montanhas... "Pelo binóculo, Barney avistou "qualquer coisa que se parecia com a fuselagem de um avião, embora não tivesse asas. Notou uma série de luzes que piscavam ao longo do aparelho". "Betty tomou do binóculo e observou justamente quando o objeto passava em frente da Lua. Tinha a forma de um charuto, aumentando ou diminuindo a velocidade. Suas luzes piscavam insistentemente, do vermelho para o amarelo, do verde para o azul"."O cachorrinho gania atemorizado e Betty o levou para o carro, enquanto o esposo continuou a olhar pelo binóculo na esperança de acabar descobrindo hélices ou turbinas a jato na estranha nave. E, pela primeira vez, teve a impressão de que era observado.
>
> Por motivo que não consegue explicar, Barney viu-se caminhando da estrada para a campina, rumo ao misterioso objeto. ... Duas espécies de barbatana deslizaram da nave, contendo cada uma, luz vermelha. As janelas curvas que acompanhavam o perímetro do disco, brilharam com uma luminosidade opaca. ... Betty continuava a gritar no carro. A um sinal inaudível, todas as figuras recuaram, ficando apenas uma, que Barney supôs ser o líder... O objeto estava, agora, a poucos metros dele. As barbatanas com suas luzes vermelhas, baixaram ainda mais, formando uma espécie de escadaria.
>
> De volta ao carro, Barney se acha em pânico. "Engrenou a

primeira do automóvel, acelerou o motor, embora tivesse plena certeza de que iria ser capturado. Pediu para a mulher que olhasse para o lado, a fim de localizar o objeto. Betty observou e notou a mais completa escuridão".

Tudo havia desaparecido. Seguiu-se um som estranho, que parecia vibrar o carro, repetindo-se. Ambos sentiram a sensação estranha, um estado vertiginoso. Quando se fez um som mais alto, deram-se conta de uma indicação da estrada e voltaram ao normal. Então, a esposa pergunta ao marido, Barney:

"Então, agora você já acredita em Discos Voadores?" Responde ele:

"Não seja ridícula, claro que não".

As minúcias desse caso, inclusive as descrições em estado hipnótico feitas pelos dois, Barney e Betty, se acham no livro já citado, do qual colhemos o que acabamos de citar, caso, porém, esse que já conhecíamos por leitura da referida revista (*O Cruzeiro*), conforme indicamos.

Diremos ainda, concluindo, que só bem depois dessa ocorrência, mais de dois anos, é que ambos procuraram o socorro da psiquiatria, dado o estado de mal-estar e angústia que vinham vivendo, desde a estranha noite em que esses fatos se passaram...

5) Muito interessante e bem afim com a fenomenologia exuberante de luz e objetos luminosos do estudo que empreendemos, é o caso ocorrido com o aviador Gorman, muito bem exposto no livro do cmt. Simões, que já recomendamos. Aviador de largo e indiscutível tirocínio, da Guarda Aérea Nacional, voava sobre a Base Aérea de Fargo, no Estado de North Dakota. Isso lá pelos idos de outubro de 1948, precisamente no dia primeiro desse mês.

Autorizado a pousar, adverte à torre de controle sobre uma pequena luz, que lhe parecia da cauda de um pequeno avião. Em resposta, a torre lhe informa que já estava em via de pousar um pequeno avião, liberando-o, então, para efetivar a sua aterrisagem. Insiste, porém, Gorman e chama a atenção mais uma vez, para a tal luz que se deslocava horizontalmente nas imediações daquela base, a baixa altura, sem qualquer relação com o pequeno avião prestes a pousar, que ele, Gorman, já tinha sob as suas vistas também. Eis, então, que a torre de controle se adverte da presença daquela estranha luz e, a pedido de Gorman, autoriza-o a ir ao encalço daquela "coisa", visando a apurar a sua natureza, isto é, de que se tratava.

Dá-se a aproximação. A pequena luz, de forma esférica bem definida, põe-se a evoluir seguida pelo experiente aviador. Começa a subir e a balançar como se uma inteligência a dirigis-se numa brincadeira no espaço. Consistia aquilo, afinal, numa caça excepcional a alguma coisa que não se conhecia, caça essa já agora acompanhada ao binóculo por vários observadores da própria torre de controle. Forja-se no espaço o primeiro encontro entre o avião e aquela luz, que busca a aeronave de frente. Gorman evita-o, fazendo mergulhar o seu Mustang. Continuando a caça, já bem mais alto, novo encontro se esboça e o arrojado piloto decide enfrentar aquela luz, arriscando o seu avião! Eis que a luz, então de súbito, desvia-se quase em ângulo reto, em curva, porém, parecendo assim, apesar da virada inexplicável, ser aquela "coisa" luz ou objeto, influenciada pela *lei da inércia*. Essa observação tem significação maior, pois, indica ser aquela luz, aquela "coisa desconhecida" obediente à condição fundamental, básica, da matéria que conhecemos: ser submissa à *lei da inércia*.

A partir de então, a tal luz sobe mais e mais. Afinal, desaparece.

Tudo isso foi exaustivamente pesquisado sob os ângulos de todas as hipóteses possíveis e permanece, até hoje, como das coisas ou dos casos inexplicados desse campo. Tudo a respeito dessa ocorrência é tratado com minúcia no livro do cmt. Auriphebo Simões.

B) Aspectos complementares da fenomenologia DV

1) Casos análogos aos que acabamos de apreciar, bolas ou esferas luminosas, objetivas e fugidias, ariscas, como que manobradas à distância por técnicas que revelam inteligência atenta, eficiente e consciente do que faz, já vêm dos idos da última guerra mundial. São os chamados *foolfighters* (ao pé da letra, *combatentes loucos*), que seguiam aviões de ambos os lados combatentes, muitas vezes até penetrando em seu inte-

rior. Tidos de cada lado como instrumento ou meio de guerra (inicialmente, supunham serem armas), provavelmente de observação e controle de posição, verdadeiras sondas informativas, constituiam verdadeiro mistério e ainda assim constituem, pois, até hoje, inexplicáveis.

No Planalto Central, particularmente em Goiás, em raio apreciável a partir de Brasília, é comum a ocorrência de fatos dessa natureza, em que esferas luminosas das mais variadas dimensões transitam pelo espaço. Dizem os habitantes simples e um tanto ingênuos desses vários locais: é a "Mãe do Ouro" e muitos até a reverenciam piedosamente. Nas imediações de Paraúna (GO), a cerca de 400 km de Brasília, junto à Serra da Portaria, há época do ano em que imenso número de pequenas esferas luminosas, às vezes, surgem aqui e acolá, denotando atuação inteligente segundo testemunhas válidas, entre as quais destacamos o sr. Reinaldo da Silva Rocha, atualmente redator do "Diário de Brasília" e dedicado pesquisador, aproximando-se ou afastando-se das pessoas, de acordo com o comportamento destas.

2) No Brasil, é notório o número elevado de ocorrências de toda sorte que, evidentemente, não nos cabe apreciar, num trabalho da natureza deste, a que nos propomos. É que os fatos já assinalados e alguns outros que ainda indicaremos, se destinam apenas a situar no seu contexto aqueles sobre os quais deporemos e que constituem a maior razão deste nosso livro. Mostraremos, na verdade, que lidamos, em nossas observações e experiências pessoais, com acontecimentos dessa natureza, mas um tanto diferentes em sua forma de apresentação, com as suas próprias características, entre as quais destacamos, particularmente, a sua tônica de intencionalidade, ou de tudo se passar como se houvesse, da parte de uma inteligência consciente, a decisão de nos demonstrar seus poderes, suas capacidades, visando a um fim. De fato, sobre o território brasileiro vem ocorrendo uma multiplicidade extraordinária de fatos. São luzes, como já referimos, por muitas e muitas partes. São objetos vistos em velocidade pequena ou elevadíssima e também, às vezes, plainando como em observação sobre determinados pontos. São contatos descritos e não acreditados. São viagens

A Parapsicologia e os Discos Voadores   71

contadas e tidas como sonhos de visionários, apesar de alguma delas com provas bem objetivas, como a do soldado da Força Pública de Minas Gerais, que teria sido conduzido a local estranho, onde vira corpos humanos e, afinal, é trazido de volta e jogado sumariamente, sem qualquer opção, nas proximidades de Colatina – Espírito Santo!... Esse caso, aliás, foi muito bem estudado pelo dedicado e eminente pesquisador professor Húlvio Brandt Aleixo, de Belo Horizonte. (No caso desse soldado, seriam os raptores seres bastante hostis, que lhe deixaram, na nuca e em ambos os ombros, marcas persistentes da esquisita máscara que lhe impuseram, diz a vítima, e mantiveram, durante todo o tempo em que com ele lidaram.)

Só de passagem, em abono ainda do que estamos referindo suscintamente, repetimos, com o objetivo único de podermos bem situar a fenomenologia de nosso estudo, relembraremos, sem preocupações documentárias, porém, sabemos, com responsável segurança, mais os seguintes:

– o caso do objeto visto pelo oficial de dia da Academia Militar das Agulhas Negras e seus auxiliares, nas alturas de Resende, o qual o fez constar do livro de parte desse Instituto de Ensino;

– o do soldado guarda da Fortaleza de Imbuí que foi quase queimado pelo excessivo calor irradiado do estranho objeto que por lá passara, chegando a estado de verdadeiro pavor;

– o caso de objeto observado de bordo do navio-escola Saldanha da Gama, nas imediações da ilha de Trindade, fotografado pelo técnico Baraúna, sob controle posterior à revelação e à obtenção das fotografias, por parte de elementos responsáveis da direção do navio;

– o caso das fotografias, reproduzidas neste livro, e batidas nas alturas de Brasília, pelo digno sacerdote pe. Raymundo, conhecido e altamente conceituado educador, um dos diretores do Colégio D. Bosco desta capital;

– o estranho caso da Barragem do Funil, em Itatiaia, tão bem divulgado pela nossa imprensa, em que o guarda Altamiro Martins de Freitas, justificadamente impressionado por estranha luz na área de sua responsabilidade, resolve atirar nela, sendo, antes que o fizesse, atingido subitamente por um raio de luz que o cega temporariamente. Sobre esse caso, acrescentamos ainda, que o capitão Adir Nascimento Rolim da Silva, da Academia Militar, depõe que sua sra. e sua filha, em Resende, naquela noite, viram um objeto circular, com dimensões aparentes e uma luz própria que o assemelhava a uma lua, dirigir-se no sentido e direção da Barragem do Funil;

– as objetivas ocorrências de Lins, em que aparições de objetos se sucederam profusamente, ganhando âmbito de conhecimento nacional?

Enfim, centenas e centenas de casos nacionais e internacionais, neste e nos demais continentes, sucedendo-se de 1947 até aqui, durante alguns períodos em verdadeiras ondas de visitas a determinadas partes do nosso planeta, permitiram até o traçado das chamadas linhas ortotênicas, apresentadas no bem documentado livro do prof. Flávio Pereira – *O Livro Vermelho dos Discos Voadores.*

Tudo isso, afinal, nos situa em condições de apresentar um estudo adequado da fenomenologia que de perto nos interessa, de que temos sido e somos testemunha, a qual apresenta quase todas as características da maioria dessas já referidas e mais outras que apontaremos e analisaremos, levando-nos a formular algumas hipóteses mais ou menos plausíveis, justificáveis, dignas de consideração e capazes de orientar pesquisas. Aliás, diga-se, nesse campo, no lidar direto com os fatos, pesquisar não é projetar experimentos, medir valores, relacioná-los e concluir. É, antes de mais nada, *espírito de humildade, curioso e atento à observação, conformação com o princípio fundamental de que uma consciência, uma capacidade de julgamento e decisão inteligentes e um poder técnico de superior realização se encontram não em nós, porém ostensivamente fora de nós.*

Considerando, com maior atenção, tudo o que acabamos de expor, teremos como resumo desta primeira parte:

1º) Conceituamos como normal o que se passa no contínuo *espaço-tempo* para inferir e conceituar o *supranormal* como algo fora desse contínuo *espaço-tempo,* implicando outras dimensões.

2º) Fizemos breve apresentação da fenomenologia parapsicológica, em suas várias características, visando a mostrá-la presente na problemática dos discos voadores.

3°) Tratamos da conjuntura ufológica mundial e citamos alguns específicos e expressivos casos.

Apresentaremos na segunda parte, além do histórico das pesquisas, relatórios complementados por pequenos comentários. Apresentaremos, outrossim, alguns depoimentos de pessoas de alto conceito das nossas relações, com as quais várias vezes tivemos observações comuns, nas mesmas condições de ambiente, local e tempo.

Afinal, insistimos ainda que, ao apresentar fatos dessa conjuntura mundial, selecionando-os em meio a imenso número, o fizemos pela única razão de que só visamos a, além de facilitar a posição do leitor ainda não informado, situar *devidamente aqueles fatos constantes dos relatórios* que apresentaremos,em conexão com aquelas outras ocorrências em outras partes, para apreciação e discussão das teses que, subsequentemente, defenderemos.

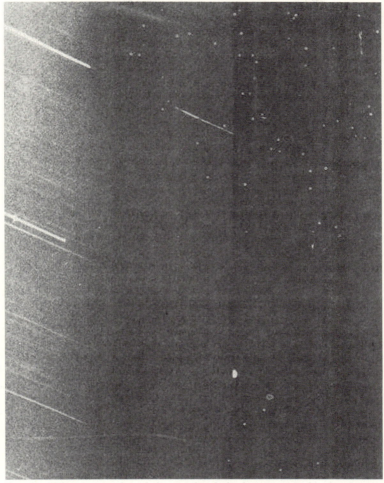

Foto 2 – "Vê-se intenso foco de luz, em local absolutamente inabitado e inacessível a qualquer veículo, exceto helicóptero. Objetiva aberta, vendo-se por isso rastros das estrelas em movimento no sentido do horizonte. O foco luminoso permaneceu assim durante 26 segundos." Esta fotografia deve ser vista girando para a direita o livro. Perceber-se-á o perfil das montanhas.

Capítulo V

Outros planos dimensionais?
Uma nova perspectiva da realidade?

A tônica deste nosso trabalho talvez não permitisse o conteúdo deste capítulo, pressentido no seu título, em que se lê "Outros Planos Dimensionais". Em verdade, é de supor-se o abandono da preocupação básica do desenvolvimento deste livro, qual a de apresentar fatos, ser objetivo e só concluir sobre tranquilas observações e experiências. Todavia, não será bem assim, de vez que, exatamente, os fatos é que apontarão para essa realidade maior, para esses novos e mais sutis planos dimensionais. Isso demos como bem explícito e logicamente inferido dos fatos parapsicológicos nos termos em que o pusemos nos últimos quatro capítulos do nosso livro *Além da Parapsicologia*.

Voltamos ao assunto aqui, por desejarmos ampliar as perspectivas ali apresentadas, de forma a podermos inferir uma teoria que possa, não digo, explicar integralmente, fatos aparentemente absurdos, mas, pelo menos, facilitar a compreensão, não só dos que já assinalamos no campo parapsicológico, como, também, desses outros que constituirão o fecho deste trabalho. Será uma vista não voltada para *o sobrenatural*, ligada a qualquer crendice particular, nem de mórbida fantasia improvisada, incidindo, também, sobre fantasias de estudos hipnóticos, individuais e coletivos. Não. Será da nossa própria estrutura psicológica, rompido o primarismo pseudo-científico que, pelos monótonos caminhos de uma psicologia experimental demasiado materialista, comportamentalista – à qual não se nega um básico valor para o conhecimento do homem integral – leva o homem, afinal, a ser apenas uma expressão cibernética, que mesmo antes do rato, agora nos ratos das afanosas pesquisas de laboratórios e depois, no próprio homem, teria vindo se estruturando e aperfeiçoando através de multimilenares idades. Dissemos *apenas*, criticando a posição dos que só vêem no homem maravilhosa *máquina* de condutos, canais, liames, órgãos e mecanismos infinitamente bem ajustados...

Já o demonstramos, em nosso precedente trabalho, que a fenomenologia metapsíquica ou parapsicológica faz altear-nos ao extrafísico, acima dos condicionamentos dessa matéria-energia, em que a ciência sempre supôs conter-se toda realidade.

Nessas condições, assinalamos a expansão da consciência à super-consciência, fazendo entrever a realidade do ser transcendendo ao físico e abrigando-se em outras faixas vibratórias objetivas, de um plano de manifestação mais sutil que denominaríamos Astral, aí contidas as *virtudes mentais* que caracterizam o ser humano.

Conjugando certos raciocínios, inferimos até o que chamamos de Universo Mental, que abrangeria todas as realidades mais ou menos sutis da vida emocional, moral e espiritual do homem e em que se situaria a essência do seu ser, seu ego, aquele que *define cada um de nós* da nossa humanidade.

Dessa forma, pressente-se uma dignidade maior no ser humano, uma capacidade ou virtualidade interna, ainda não de todo atualizada, para *ir ascendendo*, com o enriquecimento progressivo de suas faculdades e a possível eclosão de outras tantas. Isso significará novas *possibilidades operacionais*, novas *possibilidades conscienciais*. Aqui, então, chegaríamos ou chegaremos ao ponto certo: percepções dimensórias, virtudes ou propriedades da consciência, *elas* e esta ajustando-se ao meio em que se encontra o ser. Ora, este, o *meio*, é vibração e é vida manifesta, logo a consciência há que se ajustar, se identificar com esse meio, com essa vida. E vice-versa, sendo a consciência a capacidade de conceituar em decorrência de percepções derivadas da ação do meio, esse meio e essa vida são condições conceituais, que até aqui se *oferecem* em *espaço*, três dimensões, e em tempo, uma *dimensão*, havendo de permeio,

A Parapsicologia e os Discos Voadores

subjacente e operante, a inteligência que separa, compara, relaciona e oferece os elementos para a configuração definitiva do conceito: "O exercício da consciência".

Quanto ao mais, nesse processo, são estímulos físicos, emocionais ou mentais de nível mais baixo ou mais alto, condicionamento de toda a *ordem* para o *exercício* daquela inteligência (mente) e a eclosão daquela consciência (auto-reconhecimento e capacidade conceitual, incidente sobre o meio).

O fato parapsicológico, significando por si próprio superação de tempo e espaço, já o mostramos em outro trabalho, nos conduz a duas novas dimensões – uma, o *hipertempo*, que associado ao nosso tempo, determinaria o que chamamos plano dos tempos; outra, o *hiperespaço*, que, juntamente com as três dimensões de espaço, formaria, em sentido amplo, o hipertetraedro cósmico-espacial, no qual hiperespaço todo o ambiente se contém, visível e invisível para nós. Nesse caso do hiperespaço, as três dimensões do espaço como que se representam, abstratamente, no *abstrato* do plano da base desse hipertetraedro, nos seus quatro vértices, dai pela perpendicular que busca o vértice oposto, o ponto fora do espaço que conhecemos e que agora passa a constituir a existência, além desse espaço, isto é, hiperespacial.

Antes, em nosso espaço, tínhamos três dimensões, dando-nos, a seguir um cubo ou paralelepípedo espacial. Agora, no abstrato da consciência, vêmo-lo, o tetraedro espacial, transformado no plano de base, no triângulo básico do tetraedro hiperespacial, constituindo o plano dos pontos, vértices do tetraedro assim projetados, o plano espacial para os nossos conceitos, isto é, o *plano dimensório espacial*, como aquele anteriormente inferido constituiria o *plano dimensório do tempo* ou *temporal*.

Nessa ordem de raciocínio, sempre ligado à nossa capacidade interna de abstrair, de criar conceitos sobre coisas, fatos ou seres de ambiente vibratoriamente sempre mais sutis, intuímos a possibilidade de enveredar *consciencialmente* para percepções e vivências sempre mais como que quintessenciadas, indo de próximo em próximo (quem sabe?) a planos dimensórios progressivamente mais ricos de informações e condições apropriadas à maior interiorização do ser, afinando-se progressivamente com a Realidade Maior, que se abre a novas percepções e novos conceitos.

Os entes, as coisas, formas espaciais, se afigurariam, então, apenas como realidades aparentes, suportes de uma percepção superior de coisas ou de formas do *hiperespaço*.

O que dissemos, evidentemente, não deve ser visto necessariamente em relação com outra direção, *hiperespacial*, para o exterior, no sentido comum dos nossos conceitos espaciais, mas no sentido do interior, em busca de uma ascensão, ou melhor, de uma forma de ser mais próxima de sua essência.

Por outro lado, essa espécie de visão, perspectiva interna, não exclui a expansão da realidade a um âmbito imensamente mais amplo, em que cabem fenômenos de características que se não explicariam no simples espaço tridimensional.

E, dessa forma, nesse *hiperespaço* de ainda difícil concepção para nós, que, possivelmente, iremos encontrar as condições próprias de percepção, conceito e expressões de energias ainda não conhecidas subjacentes e operantes nos ambientes ou formas de substância que as preencham...

A fenomenologia parapsicológica extrafísica e muito do extraordinário, (não tudo, evidentemente, pois o espaço tridimensional está presente no DV), inexplicável, com relação aos DVs, poderiam encontrar nesse *hiperespaço*, onde fluiria, outrossim, outro *tempo*, o *hipertempo*, uma possível explicação que concluímos não caber na quadridimensão do *continuo espaço-tempo* de Minkowsky e Einstein.

É que se transformariam os conceitos de deslocamentos, mudanças ou transformações em relação ao tempo desse sistema quadridimensional em que vivemos, no aquilatarmos suas relações de simultaneidade e sucessividade como fatos do fluir da duração. Condições de percepção e conceituação novas trariam à evidência um *novo tempo*, o *hipertempo*, para o qual aquele tempo que conhecemos passa a ser mera abstração, como já dissemos. Na verdade, esse *hipertempo*, que já estudamos em outro trabalho – *Além da Parapsicologia* – integraria uma capacidade de percepção e conceituação de ordem nitidamente superior, em evidente relação com o hiperespaço.

– Postas essas vistas, ampliado o campo da nossa própria

capacidade conceitual, com a expansão da nossa consciência, tendo a seu serviço percepções mais sutis, certamente a nossa inteligência encontraria apoios para exercer-se em nível mais alto de possível entendimento e aceitação. Será esse um caminho a que nos levarão imperativamente o extra-físico da parapsicologia e muito do aparente absurdo dos discos voadores?!... Parece-nos assunto digno de ser apreciado, considerado, meditado, com humilde esperança.

Foto 3

A Parapsicologia e os Discos Voadores 81

Parte II
O caso de Alexânia[1]

...Somente uma ausência total de razão poderia acreditar que esses espaços infinitos, ocupados por vastos e magnificentes corpos, destinam-se exclusivamente a nos dar luz ou a receber o brilho claro da Terra...

Giordano Bruno

Conservai sempre a vossa mente nas estrelas, mas deixai os vossos olhos verem os vossos passos, para não cairdes na lama, por causa da vossa contemplação de cima...

O Kaibalion

---

1 Esta 2ª parte é oficialmente referendada, no que tange à fenomenologia, pela CBPCOANI – Comissão Brasileira de Pesquisa Confidencial dos Objetos Aéreos Não-Identificados.

Capítulo VI
Histórico

Desde algum tempo, vimos tomando parte em observações sistemáticas de fenômenos luminosos e outros que ocorrem em certa fazenda, localizada no município de Alexânia, Goiás, os quais, nas circunstâncias em que se processam, têm um caráter eminentemente insólito. Denotam a existência de uma inteligência que os dirige e uma capacidade de execução, o que dá muito em que pensar. A cidade de Alexânia, próximo à qual pesquisamos, se encontra apenas a 90 km do centro de Brasília.

Na verdade, é de ver-se que, subitamente, aparecem, aqui ou ali e mais adiante ou próximo, formas nevosas de objetos ou formações luminosas, ora foscas, ora brilhantes, de uma cor ou de outra, ora fixas, irradiantes, ora movediças a flutuar, deixando traço luminoso em fotografias, ora abaixo, ora acima do horizonte físico ambiente.

O aspecto da fazenda é o de uma bacia, ficando quase ao fundo a casa principal e duas outras pequenas construções. Ao ali chegar transpõe-se uma cancela ainda em alto nível, bem acima da residência do proprietário, que de lá não é vista. Descendo-se um pouco, a cerca de 300 metros, chega-se ao ponto de observação escolhido, onde há pequena área triangular preparada. Daí, descortina-se um horizonte quase circular em nível mais alto, formado por elevações não muito distantes, envolvendo o observador. O círculo como que se fecha para o lado da referida cancela, apresentando à direita de quem desce, distâncias de 500 a 1.000 metros presumíveis. À frente, na direção S. N., abrangida por ângulo de 30 a 40 graus para cada lado, as distâncias aos pontos mais altos, em linha reta, poderão ser estimadas entre 2.000 a 3.500 metros.

Tal uma sucinta descrição do ambiente em que se tem passado a extraordinária fenomenologia que descrevemos em nossos relatórios, com testemunhas idôneas e algumas fotografias, não só desse ambiente físico, como também a título de documentação das observações que felizes circunstâncias propiciaram. Apresentá-los-emos em ordem cronológica, selecionando-os, todavia, em meio a um grande número de outros tantos e muitas anotações feitas. Ver-se-á, de imediato, que os fatos parecem ser uma agressão à realidade, facilmente atribuível, pelos absolutamente céticos, a alucinações e fantasias, quando não embustes impostos por desonestos, a quererem ver segundas intenções por parte dos ali residentes. Se nos propomos, porém, a esta divulgação e se nos fatos, que ali se passaram e passam, procuramos fundamentar um estudo sério a respeito dos discos voadores, assim o fazemos na tranquila certeza de que uma observação paciente, sistemática e orientada para uma pesquisa sã, ali se nos oferece.

Hoje, podemos dizer do quanto estávamos e estamos certos no persistir, investigar e aguardar que os fatos se sucedessem, como vêm ocorrendo, criando-nos uma situação até certo ponto privilegiada no que tange a experiências com esse tipo de fenômenos. Essa condição, aliás, obriga-nos moralmente à iniciativa e execução da divulgação que ora intentamos.

ALEXÂNIA I – De 10/03 a 22/07/68

Passaram, certamente, à grata recordação de todos nós, aquelas reuniões no ambiente acolhedor daquele lar amigo do proprietário Wilson Gusmão e sua esposa, sra. Luiza Marques de Gusmão, em cuja sala, acesa a lareira nas baixas temperaturas que ali experimentamos, ensaiávamos pesquisas em torno de sensitivos, postos em letargia pela técnica e vivido interesse do então diretor-presidente do Grupo de Parapsicologia de Brasília, escritor Edmar Lins, a cujas experiências se encontram referências e alguns resultados no seu livro intitulado *Os Fantásticos Caminhos da Parapsicologia*, lançado em Brasília, durante o ano de 1971.

"Caso Alexânia", assim o denominamos, de vez que já realmente constitui *um caso* tudo o que tem ocorrido e ainda ocorre, quanto à fenomenologia estranha lá observada, no ambiente dessa fazenda dali distante apenas 26 km. Muita gente presenciou e verificou esses fatos, para ali se dirigindo, ora tocada de simples curiosidade, ora de ocultas esperanças de lá descobrirem embustes, alguma neurose, auto ou hetero-hipnose individual ou coletiva, ora, ainda, individualmente ou em grupo, no intuito de sã, segura observação para estudos, verificações e conclusões, tanto quanto possível corretas.

Ainda mais, entre esses últimos, tornou-se comum destacarem-se as várias posições científicas, filosóficas ou religiosas, marcadas por exigências de interpretações estas ou aquelas e, também, por apressada fixação de opinião, longe de um critério mais seguro de apreciação, face àqueles fatos realmente extraordinários, insólitos.

Pertencíamos, inicialmente, a um grupo de pesquisas referido com exatidão no livro do escritor Edmar Lins, já citado, o qual acabou por transformar-se, dele afastando-se o próprio autor (Edmar Lins) e outros a ele mais ligados, após quase um ano de ali nos postarmos, semanalmente, em atenta e persistente observação que nos levava noite a dentro, às vezes, com a temperatura abaixo de *zero* no campo, às duas e três horas da madrugada, nas frígidas noites de junho e julho.

Naqueles idos de 1968, quantas e quantas vezes, acesa a lareira, em ambiente agradável daquele lar amigo, dedicávamo-nos a experiências com sensitivos que, sonambulizados apresentavam supostas personalidades de Marte, de Plutão etc.... Sobre estas guardávamos prudentes reservas, particularmente quando, dizendo-se seres de uma "raça" vários mil anos à frente de nós, não saíam do "terra a terra" de informações comuns, quando se lhes faziam consistentes perguntas, respondendo às quais pudessem demonstrar tal avanço.

Esses supostos interplanetários atuantes marcavam encontros que não se realizavam, usavam uma terminologia em que primavam em falar em *energia*, como sinônimo de espírito ou de ser, em "raça" como sinônimo de um tipo de humanidade. Diziam, às vezes, de nascimento ou encarnações nesses mundos distantes, manipuladas em laboratórios, com supostas avançadas técnicas científicas, sobre as quais jamais forneceram quaisquer indicações que nos impressionassem positivamente.

Dessa forma, a nós, que, desde os 17 anos da nossa juventude, temos estado tantas e tantas vezes face ao supranormal, conforme depusemos em nosso livro *Além da Parapsicologia*, nada daquilo poderia iludir-nos, desde que, subjacente ao nosso comportamento cauteloso e cordial, permanecia alerta o sentido de comprovação com objetivas verificações, que a nossa formação de engenheiro e professor de mecânica racional, durante mais de vinte anos, sempre nos aconselhou e mesmo impôs. Porém, tocados nós próprios e alguns do grupo, por inabaláveis tenacidade e perseverança na pesquisa, o que deve estar sempre presente e caracterizar quem se disponha a investigar campo tão atípico, delicado e, muitas vezes, surpreendente, permanecemos, a rigor, sem qualquer sucesso, de março a julho de 1968, quando, a 22 desse último mês, um extraordinário e decisivo acontecimento veio coroar os nossos pertinazes esforços de notívagos observadores, indormidos, persistentes.

Às 19 horas do dia 22 de julho de 1968, o sr. Wilson Gusmão, proprietário da fazenda, nos comunica, enfaticamente, que havia chegado o momento de vermos o que ali costumava passar-se e que ele próprio já observara muitas e muitas vezes. Disse-nos então:

– "General, hoje às 9 horas (21 horas), vamos subir e todos irão ver."

Na verdade, naquela noite, tudo se transformou, face àquela evidência, em uma noite plenamente rica, exuberante de demonstração, ao mesmo tempo que de autenticidade e presença de fenômenos de vários campos: do parapsicológico, do físico e, evidentemente, daquele outro, se assim podemos expressar-nos, em que operam ou operariam inteligências, capacidades, poderes fora de nosso ambiente normal.

À hora certa, lá estávamos (Relatório nº 1) e o anunciado se cumpre com precisão matemática: amplas explosões luminosas, sucessivas, no espaço, postura de uma massa nevosa densa bem nítida, na encosta à frente, de onde partiam jatos luminosos, movimentação súbita para uma elevação maior à direita, partindo de lá fluxos e luz rosa-violácea, volta à primitiva posição, choque mental (assim descrito pelo sr. Wilson Gusmão, que é projetado de costas ao solo) sobre um dos presentes, sintoma de náuseas incontroláveis em um companheiro que se achava a nosso lado, ordem telepática para a retirada imediata por haver perigo de vida e, afinal, a mudança de posição daquele objeto ao postar-se ao alto à esquerda, parecendo uma estrela piscando intensa e expressivamente à baixa altura presumível de, talvez, 700 a 1000 metros!

Sentimos, então, abrirem-se as perspectivas de uma fenomenologia realmente agressiva, contundente, no abalar a estrutura técnico-científica de nossa posição atual, perante o ambiente, o mundo físico mental e, talvez, espiritual em que julgamos situar-nos. Em verdade, naquela célebre noite de 22/7/68, naquele deserto de um ambiente rústico, com elevações próximas e mais distantes circunscrevendo o local um tanto elevado em que nos encontrávamos, na verdade vimos confirmar-se o previamente anunciado, como uma *precognição perfeita* ou *fenômeno telepático*, cujo agente desconhecíamos:

– uma energética fora dos nossos padrões, nas explosões luminosas, que surgiram à hora certa;

– aquele objeto nevoso nítido à nossa frente, postado na encosta de elevação próxima (talvez a uns 400 a 500 m.), cuja presença sobre aquela floresta de modo tão evidente, não há ciência nossa ou técnica que possa explicar;

– aquelas emissões telepáticas ou mentais que prostraram, subitamente, um aos presentes e aquelas outras, de natureza certamente diversa, que afetaram o organismo físico de pessoa ao nosso lado (o sr. Waldir), e, também, o do telepata, sr. Wilson, que, insistindo em desconhecer a ordem para a retirada, recebeu forte choque, reproduzindo-se nele o que estava ocorrendo com o outro paciente, em crise, obrigando-o, então, a apelar para que todos se retirassem rapidamente;

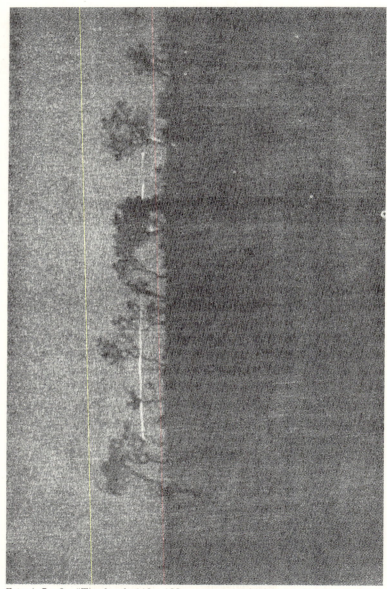

Foto 4, 5 e 6 – "Tiradas de 140 a 160 metros, quando do traço luminoso sobre a colina, não foi possível maior nitidez". (Relatório n° 9). Original: Luiz Albuquerque, fotógrafo assessor do Ministério do Interior.

– enfim, aquela *estrela* de grande brilho que se postou, como descrito, não muito alto no espaço, piscando intensamente, logo após desaparecer o objeto da encosta à frente.

Tudo isso, para nós, constituiu a abertura definitiva do campo ilimitado do nosso vivo interesse, que vem perdurando em observações sucessivas, confirmando mais e mais o extraordinário que se passa naquele local.

ALEXÂNIA II – De 23/07 a 16/02/69

Após aquela noite extraordinária assinalada anteriormente, eis que começam a ocorrer, com impressionante frequência, notórios fenômenos de ordem variada, atraindo a atenção de pessoas das mais diferentes características. Meros espectadores, que ali compareciam só para verem alguma coisa estranha de que se falava, sem pretensões a algo concluirem ou pesquisarem. Outros, curiosos e apressados para fixarem convicções estas ou aquelas: fenômenos de tônica espírita, presença de interplanetários, manifestação de seres etéricos do chamado mundo subterrâneo. Outros ainda, a que já nos referimos, mais organizados, em grupo, com o propósito sereno de uma pesquisa persistente, sistemática e conscientemente dispostos à apuração da verdade sem preconceito anterior de qualquer ordem. Alguns desses últimos até hoje prosseguem nessa pesquisa lá ou em outras partes e, entre eles, figura o autor, testemunhas que temos sido de acontecimentos os mais extraordinários, como bem poderá inferir-se da leitura dos relatórios que apresentaremos e comentaremos.

Na realidade, ocorreu que, a partir daquela noite de 22 de julho de 1968, uma sequência notável se deu, com alguns pontos marcantes, de fatos muito expressivos, que referiremos neste ligeiro sumário histórico, para que o leitor ajuíze, plenamente, a respeito, situando-se no ambiente e nas circunstâncias que cercavam e ainda cercam essas ocorrências.

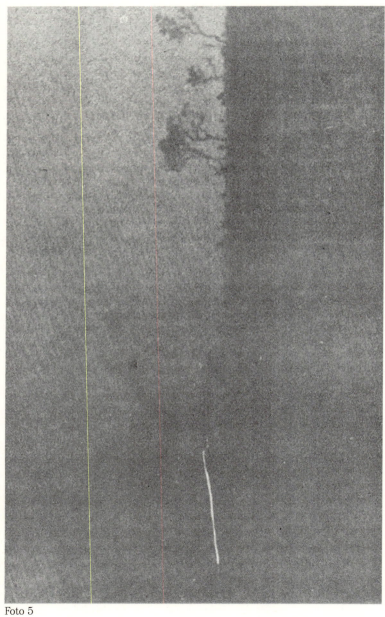

Foto 5

92 A. Moacyr Uchôa

Por outro lado, indiretamente, como que justificamos a nossa aparente inexplicável dedicação, que nos faz ir, seguidamente, tão longe – 240 kms ida e volta – em trecho de má estrada de terra e até ponte sem lastro, onde tínhamos que passar rodas certas sobre as vigas laterais, com algum risco, em dias ou noites às vezes demasiado chuvosos. É que sempre argumentamos merecer a causa qualquer sacrifício, desde que enfrentamos uma "coisa completamente nova", absurda em si própria, inexplicável em termos normais e contundente, insólita, face à posição preconceituosa dos que se julgam, além de donos da ciência ou da técnica atuais, *donos do futuro*. Estes certamente quererão marcar limites ou barreiras às possibilidades de manifestação de poderes, forças, energias ou mesmo, talvez, seres conscientes e operantes fora de nossa humanidade! Esse sacrifício, têmo-lo feito e estamos dispostos a prosseguir.

Houve, em verdade, os relatórios o dizem, momentos até mesmo de viva emoção, durante esses já três a quatro anos de observações nessa já conhecida fazenda de Alexânia. E como poderia deixar de ser assim, quando, objetiva e claramente, víamos verdadeiras demonstrações de domínio de energias ou radiações físicas, ou, às vezes, mentais, estas já indiscutíveis nas provas de percepções telepáticas ou precognitivas?!

Os fenômenos dessa fase de observação, sucintamente os citaremos:

– Uma luz, projetada no espaço, aí permanecer algum tempo, depois sobrevir um *flash* sobre ela, absorvendo-a;

– Verdadeira demonstração pirotécnica, em que uma luz rosa, fixa, um pouco brilhante, talvez a uns 200 a 300 metros de distância do nosso ponto de observação, súbito parecer transformada em chama bem vermelha, que se amplia e se eleva, formando como uma grande roda de fogo que gira e emite faíscas para todos os lados (Relatório n° 10 e Fig. 4).

– Formações nevosas densas, configurando nítido aspecto de objetos, as mais das vezes circulares ou afins, dispostos não muito distantes de nós;

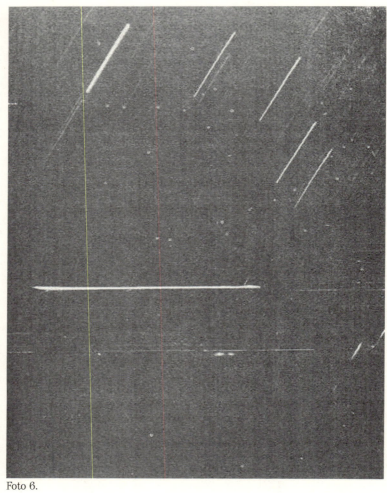

Foto 6.

– Súbitas aparições de algo brilhante e piscando como estrela, a menos de 1000 metros de altura, que, às vezes, se apagava, repentinamente, para surgir com o mesmo aspecto do lado oposto ou a 45 graus e 90 graus para um lado e para outro;

– Luz a deslocar-se continuamente no espaço à nossa vista, às vezes planando sobre as colinas, deslizando por trás das árvores a altura inferior à de muitas delas (relatório nº 9, fotos 4 e 5), outras vezes, bem nítida e mais alta, acima, bem acima do perfil dos morros mais distantes (foto 6).

– Havemos que destacar a observação ao binóculo, por parte do grupo em que nos achávamos, de um encontro que havia sido prometido ao proprietário, sr. Wilson Gusmão, que esteve de um a dois metros daquele ser, encontro que havia sido prometido a esse companheiro, vários dias antes, quando de suas saídas pela madrugada, como que atraído para o campo, segundo dizia.

Assim acontecendo, comunica-nos o fato, acrescentando, então, que, em noites seguidas, se sentira mais seguro, não mais no estranho estado um tanto onírico, semi-sonambúlico da primeira vez. Alguns dias após, eis que nos revela ele haver sugerido e insistido, junto àquele aparente chefe ou comandante do aparelho que concordasse em terminar o que ainda lhe queria transmitir, em presença de testemunhas.

Sabendo da aquiescência, afinal, daquele personagem, é evidente que nos pusemos na espectativa do evento, se bem de nossa parte, apesar de achar esse amigo incapaz de fantasias ou inverdades, haver-mo-nos mantido na hipótese de, talvez, atípicos transes sonambúlicos, provocados pelo ambiente já propício àquele tipo de possível "sonho", auto-hipnose ou estados psíquicos equivalentes.

Nessa altura, a 31/01/69, eis que ocorre o prometido esperado, segundo minuciamos no relatório nº 9, em uma noite clara de véspera de lua cheia, límpida, agradável, em que todos os presentes vivemos grandes emoções, tal a sequência do que se passou e foi com felicidade fotografado pelo sr. Luiz de Albuquerque, usando teleobjetiva, naquela noite de belo luar.

Nessa noite, evidentemente, para todos nós ali presentes, ficou patente que não tínhamos perseverado em vão, dados a objetividade e significado de intencionalidade que presidiram ao desenvolvimento daquelas extraordinárias ocorrências. Como depoimento adequado a responder, com absoluta propriedade, àqueles que falam de hipnose coletiva, bem desculpáveis, aliás, por desconhecerem as circunstâncias do ambiente físico e da orientação objetiva com que se fizeram e se fazem essas nossas observações, naquele local, devemos dizer que, naquela noite, nada esperávamos, um tanto polarizados que nos encontrávamos pelo rebuliço decorrente da aparição de uma onça, que, pouco antes, atacara e matara um porco.

O relatório nº 9 e as fotos 4, 5, 6 e 7 muito dizem, para nós particularmente, que tudo presenciamos, desde a aparição inicial da luz, que sobe a encosta, flutua na colina vagarosamente em traço luminoso fotografado (fotografias indicadas) da direita para a esquerda à meia altura das árvores, volta, elevando-se um pouco, nas proximidades de uma cerca ali existente, para, a seguir, desaparecer e surgir no ponto em que se deu o encontro (foto 7). Temos suficientes razões para valorizar aquilo que foi presenciado, conhecendo, como conhecemos, aquele ambiente de campos, encostas, alturas e pequenos bosques, em uma área desabitada e tão percorrida por todos nós.

Esse encontro foi fotografado pelo fotógrafo assessor de publicidade do Ministério do Interior, sr. Luiz de Albuquerque Lima. Tal acontecimento teve um final impressionante, não deixando qualquer dúvida quanto à unidade de comando à base daquelas ocorrências:

Aquele ser acende uma luz intensa e diz Wilson, que estivera a seu lado, "acionando uma das teclas ou botões do seu largo cinto", enquanto nós, longe, num morro distante, vimos um farol intenso, de luz dourada, acender-se a 3 a 4 kms de distância, iluminando o grupo ali reunido (relatório nº 9). Ainda salientaremos nessa fase:

Fenômenos notáveis de telepatia ou precognição, como o que minuciamos no relatório nº 8, testemunhado por quatro pessoas, em que o sensitivo Adelino da Rosa indica, com duas horas de antecedência, instantes em que seriam dados sinais demonstrativos: 21:22h... 21:50h.; 22:10h.; e 23:22h. O relatório em referência diz bem do que ocorreu com precisão cronométrica, iniciando-se à primeira hora marcada, com uma luz esférica que sobrevoa o nosso ponto de observação emitindo *flashes* para baixo. Cumpre-se, então, toda a previsão!

Acontecimentos notáveis encerrariam essa fase no dia 16 de fevereiro de 1969 (relatório nº 12), os quais incluem notável telepatia ou preconição. É que às 19 hs., foi comunicado, telepaticamente, com admirável precisão, o que iria ocorrer naquela noite:

> Começaremos por ali (e apontou o local), subiremos a colina. Lá em cima, nos dirigiremos para a cancela (cancela de acesso à fazenda, um pouco mais no alto) e, ali, poderemos ter um contato. Para lá dirijam-se os três, quando virem três sinais característicos. Éramos, eu, o sr. Adelino da Rosa (telepata) e o dr. Ivanir Viana, do INCRA. Aguardamos e tudo se passou, às 21 horas, conforme anunciado duas horas antes: a luz surgiu no ponto indicado à extremidade do pequeno bosque um pouco abaixo, subiu a colina, parando de vez em quando e emitindo dos pontos de parada *flashes* luminosos de cor rosa violácea. Flutuou sobre a colina e se dirigiu para a tal cancela. De lá, emitiu os sinais prometidos e para o local nos dirigíamos..., quando houvemos que desistir, face às incisivas advertências e apelos para que voltássemos, que ouvimos de pessoa categorizada do grupo, o proprietário da fazenda, no momento, emocionado. Tínhamos, pelas circunstâncias, de obedecer e o fizemos. Naquela noite, naquele instante, tínhamos perdido, talvez, *um dos melhores momentos para* um contato maior com aquela "coisa", que ainda hoje investigamos...

Os acontecimentos daquela noite encerraram uma fase marcante daquela fenomenologia, cuja tônica era de luz, luz e luz, aqui e acolá, na terra e no espaço; luzes ora suaves, foscas, ora brilhantes, imóveis ou dinâmicas, atraindo elevado número de pessoas e acabando por criar problemas ao proprietário, que passou a fechar a cadeado a cancela de acesso ao seu ambiente.

Que mais dizer para plenificarmo-nos de razões para nos dedicar a tais pesquisas e para estarmos certos de que vivemos no dealbar de uma nova era, em que os horizontes humanos se ampliarão a outros planos de conhecimento, uma ciência maior, a outros planos de uma capacidade técnica, domínio de novas energias a serviço do homem, a outros planos de visão cósmica, apontando, incisivamente, para essa realidade maior, que inferimos e tanto procuramos provar em nosso livro já citado, *Além da Parapsicologia*?

Surgiram algumas vezes ao longo desse período, rumores e boatos os maus esdrúxulos, até mesmo de que minerais preciosos estariam sendo extraídos e conduzidos a destinos suspeitos. Numa época de subversão, seria, ali, local de reuniões suspeitas. Pela falta de qualquer consistência em tudo isso e, também, pelo nosso tranquilo relacionamento nas áreas da segurança nacional, em cujo meio algumas vezes esse assunto era tratado por nós próprios e por outros do grupo, inclusive o proprietário, áreas aquelas do SNI, do Ministério da Aeronáutica e do DPF, jamais houve qualquer problema de investigações, dúvidas e suspeitas por parte das autoridades.

Aqui depomos ser falso haver o proprietário de então, sr. Wilson Gusmão, sido molestado por tal razão, sofrendo quaisquer pressões do poder público, como se chegou a dizer, afirmando-se haver ele até "perdido a fazenda" em consequência. Absolutamente falso, pois a negociou normalmente, obtendo o mais sólido apoio por parte do Banco do Brasil, que sempre o considerou com a atenção elevada que costuma dispensar aos clientes dignos.

Em resumo, as autoridades civis e militares sempre se comportaram no justo e digno equilíbrio de sensato espectador, sem pressões quaisquer, advertências ou insinuações, que denotassem qualquer restrição àquela pesquisa. Quanto a esta, prosseguimo-la, além daquele 16 de fevereiro de 1969, conforme diremos a seguir.

ALEXÂNIA III – De 17/03/1969 a Setembro de 1972

Fase essa bem mais longa que as anteriores. Estende-se até a hora em que escrevemos, setembro de 1972. Até este instante. A rigor, iniciou-se naquela noite de 16/02/69, em que quatorze pessoas assistiram àquele "show" luminoso, que não se limitou ao que já descrevemos, quando indicamos as circunstâncias em que perdemos a oportunidade de um contato na cancela de acesso à fazenda. Na verdade, aquela luz que subira a encosta, flutuara sobre a colina e nos sinalizara daquela cancela (ou outra da mesma natureza), fez uma completa volta ao horizonte mais próximo ou distante, emitindo *flashes* belos e brilhantes, jatos de luz como de um holofote não concentrado, um tanto difuso, das alturas daqueles morros circundantes!...

A partir de então, porém, tudo mudou, depois dessa memorável noite de 16/02/69, perdendo-se a continuidade e frequência impressionantes daqueles fenômenos. Prosseguimos, porém, em nossas pesquisas, verificando que estávamos certos, pois nesse período, que então se abria, encontraríamos o que encontramos: acontecimentos do mais subido valor, dignos de serem esperados!

De fato, ali comparecíamos paciente e continuadamente, sem que nada de objetivo observássemos nós do grupo, que, a esse tempo, já se modificara, dado que a distância e as circunstâncias da viagem até lá exigiam teimosa determinação só reservada a poucos. A rigor, deixou de haver aquela consistência grupal para essa pesquisa, visto afastar-se um e aproximar-se outro, pois, em princípio, lá só se encontravam a monotonia dos ruídos de pássaros e animais e, muitas vezes, o cintilar de poucos ou um número imenso de vagalumes bem energetizados. Isso constituía um desafio à nossa esperança de novas e mais perfeitas observações, à forma das já referidas e, até, de possíveis contatos, como já ocorrera a 31/01/69.

Prova-se, assim, com essa ausência dos acontecimentos esperados, a integral desvalia dos argumentos de céticos ou "muito sábios" quando, havendo jamais observado fenômenos tais, se abrigam, presunçosos, nas afirmações de que tudo nada mais seria que hipnose, sugestão, *visionarismo de "espíritas"* e que só os assim polarizados veriam tais prodígios...

Já dissemos, aliás, que, no início das pesquisas, de março a julho de 1968, nada víramos. Agora, nesta fase, isso se repete: meses e meses infrutíferos, de perdidas viagens e caminhadas naquela fazenda. Isso deverá, insistimos nesse ponto, dar em que pensar a "sábios" e céticos, com respeito à idoneidade moral e ao equilíbrio emocional dos que lá temos ido, com dedicação e decisão inarredável de pesquisa.

A Parapsicologia e os Discos Voadores

Daqueles que na fazenda residiam, ouvíamos de alguns sinais espaçados, sem a consistência das ocorrências anteriores. Alimentávamos, porém, alguma esperança e prosseguimos. Eis, então, que sobreveio o evento de 22 de maio (rel. nº 13) em que oito testemunhas tiveram uma excepcional experiência, podendo observar nitidamente, a menos de 60m de distância, um extraordinário fenômeno luminoso. Noite escura, porém estrelada. No ambiente da terra, com aquela vegetação pelas encostas de ambos os lados do local elevado em que nos encontrávamos, a acentuada obscuridade monótona, sem perspectiva! Passados alguns minutos de atenta observação, súbito, ali perto, na encosta leste, a uns 60 m acende-se uma luz bem clara, de tônica levemente azulada, com *flashes* sucessivos incidindo sobre nós. Convencionando número de sinais para aquiescência, somos autorizados a ir até lá. Aproximamo-nos, então, até cerca de 10 a 15 metros no máximo, sob a vista das demais sete pessoas (rel. nº 13). Em conversa, misto de telepatia e palavra balbuciada, naquela emergência, ali nos mantivemos aguardando efetivo contato, sendo que, de repente, uma onda de vibração sonora nos envolve, ao mesmo tempo em que se forma a nosso lado uma estranha névoa bem concentrada, que só se desfaz ao encerrar-se aquele diálogo telepático em que nos vimos envolvido. Tivemos a impressão de que estaríamos sendo testados, particularmente, com a tal vibração sonora.

A certa altura, veio como uma afirmação peremptória: "você está bem, mas tenha paciência, aguarde outra oportunidade". Esta ainda não se realizou como a desejamos e esperamos. Todavia, tivemos uma outra chance pouco depois, cujo desfecho não foi feliz, pelas razões e circunstâncias que ressaltamos no comentário a esse relatório nº 13. Estivemos naquele dia marcado e naquela hora, 21:05h., nas proximidades de uma luz azul-anil, que, afinal, desapareceu pelas razões que naquela relatório apontamos.

Daí em diante, houve um enorme lapso de tempo em que quase desapareceu todo estímulo à pesquisa no local, afastando-se mais alguns do grupo anterior, ao mesmo tempo em que outros de nós se aproximavam naquela esperança de que nova onda de "shows" luminosos pudesse ocorrer. Mantivemo-nos perseverantes, nós e alguns poucos, alimentados apenas por demonstrações fugidias, esporádicas, porém indicadoras da presença da *mesma causa*, sendo-nos possível, assim pensamos, de uma hora para outra, obter mais que simples *luz*, um possível objetivo contato com aqueles operadores atuantes naquela região.

Estávamos certos: "coisas" poderiam acontecer e aconteceram... No dia 6 de maio de 1970, sucedeu algo decisivamente marcante, insofismável, extraordinário (rel. nº 14). É que o fato objetivo foi telepaticamente previsto, anunciado. Nas circunstâncias que bem minuciamos nesse relatório, acabamos por ter o cumprimento exato do anunciado vinte minutos antes, por nosso próprio intermédio, quando ainda, na fazenda, no triângulo, nosso ponto de observação habitual: "Daremos uma demonstração na estrada". Diante de nossa dúvida, sobreveio, com ênfase: "Não haja dúvida. Daremos uma demonstração na estrada". Pareceu-nos, então, como projetada em nossa mente, a estrada de volta, na sucessão rápida daqueles 26 km de terra, em alguns pontos estreita e margeada de boa vegetação.

Ocorreu que, no momento do aviso telepático, sem saber por que razão, passa mal a pessoa a meu lado, sra. Greici Bettamio Guimarães, apesar de já muito afeita àqueles fenômenos, sentindo acentuada fraqueza e estranha pressão na região do plexo solar. Transmitimos ali, de imediato, o então suposto aviso telepático, que se nos apresentara forte, enfático, impressionando-nos como se provindo de uma presença bem próxima. Dissemos, porém, não crer no prometido, pois aquilo poderia ter sido uma autossugestão vulgar, dado o desejo subconsciente para que coisas dessa natureza ocorressem.

De volta, porém, e na tal estrada, dá-se o cumprimento da promessa da forma por que minuciamos no relatório nº 14. Culminou aquela experiência com a observação direta de objeto pequeno, como se fora estranho automóvel sem roda, deslizando à nossa frente e que, afinal, desaparece envolvido em densa névoa, a qual primeiro vela a sua forma e, aos poucos, retira o brilho daquela luz rosa-avermelhada, que atrás do objeto piscava continuamente. Essa luz se extingue, afinal, desaparecendo então tudo repentinamente, apenas 10 a 20 metros à frente

A Parapsicologia e os Discos Voadores

do nosso carro, sob o farol alto intenso que conservávamos.

– A 29 de julho ainda do mesmo ano, novo extraordinário fenômeno nos estaria reservado (rel. n° 15 – fig. 5). Éramos quatro e testemunhamos, com objetividade insofismável, praticamente, o *impossível*!... Pelo menos, segundo os nossos conceitos habituais sobre o possível. Luz adensada, supercontrolada, bi –, ou melhor, tridimensional, materializada, dado que se mostra como se fora um poste prismático, revestido de folhas de ouro e iluminado, a ele ligando-se, ainda, uma estrela de 5 pontas, dando, também, a impressão nítida das arestas do contorno e até a percepção dos vértices internos e externos!... Mais ainda, do centro dessa estrela dourada, um jato de luz brilhante irradia. Isso que descrevemos e analisamos melhor no referido relatório, eram emissões sucessivas e rápidas como partindo do objeto circular nevoso, bem definido, que das alturas em que estávamos, víamos como pousado (ou flutuando) sobre o bosque mais distante, abaixo, talvez a uns quatrocentos a seiscentos metros. Esse objeto, de onde partiam as emissões em apreço, parecia projetar, também, luminescência intensa, porém difusa, para um lado e para o outro sobre aquele bosque!... Quando nos referimos a essa observação, costumamos dizer que nos lembramos, de luz análoga à de *cauda de cometa*, como vimos a do último que observamos, pela madrugada, nos céus de *Brasília*...

Sucedem-se ainda, em altos e baixos, fenômenos de nossa observação: muitos e muitos, cujos frutos fomos recolhendo continuadamente. É evidente que estamos descrevendo e acentuando os "altos". Os "baixos" e as ausências têm a valia, porém, de irem provando a flama do interesse e persistência que muitos, infelizmente, não têm conseguido manter acesa.

Encerraremos este capítulo, com o que observamos a 7 de setembro, ainda de 1971, em companhia de um amigo de alto gabarito intelectual, técnico, científico e moral, muito bem conhecido pelo seu incontestável valor como engenheiro geógrafo militar, havendo feito parte de comissões de alta responsabilidade para a fixação de limites do nosso país com alguns de seus vizinhos: o general Benjamim Arcoverde de Albuquerque Cavalcanti. Assim aconteceu:

Na noite de 7 de setembro de 1971, terça-feira, eis que tivemos, inesperadamente, uma grande oportunidade, em que não só vimos, a poucos metros de distância, um objeto, que surgiu ali perto, já pousado, envolvido em densa nuvem muito iluminada, como também, em consequência, pudemos verificar a tranquilidade, a sensação de segurança com que nos comportamos, nós e o general Benjamim Arcoverde (rel. nº 16). Naquela noite, nós apenas nas alturas desertas daquele local, há muito eleito para posto de observação, sem qualquer ocorrência durante mais de uma hora, dispostos já ao regresso, tudo se modifica no sentido positivo da perspectiva que até ali nos conduzira. Surge, próximo, uma luz avermelhada, trocam-se sinais; surge, rápido, no espaço e vindo de altura mais distante, uma luz branca brilhante... À frente de nós, na encosta oposta, novos *flashes* se acendem e, durante dezenas de minutos, mais de uma hora, ali ficamos, na esperança de uma aproximação objetiva maior. Pessoalmente, nós próprios nos aproximamos em dada oportunidade, ficando a menos de quinze metros daquele foco de luz cambiante e irradiante, cuja natureza e cujo sentido e razão de estar ali, até hoje, a rigor desconhecemos. Conjecturamos, fazemos hipóteses, mas, com segurança, ainda nada realmente podemos afirmar. Objetos luminosos teleguiados de algum ou alguns centros distantes (não fazemos já assim em relação à Lua, como no caso dos americanos e dos russos?), talvez sondas com finalidades informativas controladas e a serviço de inteligências postas à distância, ali mais adiante no próprio ambiente, ou nos espaços mais remotos (não exercemos já ação sobre objetos com aparelhagem própria até sobre Marte?), luzes que seriam manipulações de seres não da região químico-física em que vivemos, mas teoricamente possíveis em um plano etérico, mesmo que ainda não bem provado ou não provável, segundo a tendência científica atual?!...

O fato é que, uns minutos após, se encontrava à nossa frente aquele objeto bem delimitado (quinze a vinte metros de largura, talvez, por cinco a oito de altura). Pouco depois, vimos rarefazer-se aquela nuvem na parte central, numa faixa de três a quatro metros presumíveis, podendo-se distinguir o castanho claro avermelhado do metálico; assim pareceu. Insistimos por aproximar-nos e os sinais luminosos que recebíamos sempre indicavam o contrário! Após desaparecer um pouco mais tarde, volta a aparecer como dantes, sem jamais concordar em aproximação maior. Naquele bojo mais escuro, esperamos abrir-se qualquer porta e, até, que seres se mostrassem, de vez que a um deles, a 31/01/1969, o grupo já havia visto ao binóculo e se deixara fotografar (Rel. nº 9). Nada mais ocorreu naquela noite, depois de alguns *flashes*, com que tudo aquilo se encerrou.

Daí para cá, vários acontecimentos têm marcado bem a permanência daqueles fenômenos. Entre vários de muito significado, devemos destacar o ocorrido ultimamente, a 2 de setembro de 1972 (rel. nº 18), em que, depois de vários e seguidos sinais luminosos, aconteceu entrarmos em certa sintonia telepática. Ao transmitirmos telepaticamente algumas observações que proviriam de fonte desconhecida, atribuídas, porém, a algum operador e, ao dizer do valor das projeções luminosas, no sentido de preparar bem a pessoa para um futuro contato, iluminou-se o ponto mais alto do contorno distante e um verdadeiro farol surge, de luz azul claro, iluminando intensamente aquela encosta de montanha e toda aquela área até nós, atingindo o grupo à distância presumível de três a quatro quilômetros! Foi um belo espetáculo (rel. nº 18).

Houve natural emoção no grupo, manifestação, por outro lado, da vívida alegria, com que festejamos todos o significado da projeção daquele fluxo de luz intensa, exatamente quando se falava do papel desses fenômenos luminosos com vista a uma adequada preparação para futuros contatos. Alguns sentiram calor naquela noite fria, um sentiu cansaço e foi prostrar-se no carro, outro, pressão sobre o plexo.

Estamos às vésperas, supomos, de uma evolução melhor e mais adequada dos fatos que se desenrolam nessa fazenda, supostos ou ditos preparatórios para futuros e efetivos contatos.

Aqui encerramos este capítulo, solicitando ao leitor minucioso, mais vivamente interessado, perlustrar as páginas dos relatórios que se seguem, através dos quais poderá bem melhor situar-se e aquilatar a viva expressão e a suma importância dessa fenomenologia realmente excepcional.

CAPÍTULO VII

Os relatórios

A) Observações na fazenda do Vale do Rio do Ouro

Relatório nº 1 – Aconteceu naquele 22/Julho/1968...

Brasília, 22 de julho de 1968

Éramos sete nessa noite.

Subimos para o ponto de observação às 20:45h.; eu, sr. Wilson Plácido de Gusmão, proprietário da fazenda, professor Carlos Radicchi, da Aeronáutica, dr. Oswaldo França, juiz do Tribunal Regional Eleitoral de Brasília e, então, assessor do Tribunal Federal de Recursos, sr. Edmar Lins, industrial e escritor, sr. Waldir Coutinho, funcionário da Universidade de Brasília e o estudante José Marques de Araújo, cunhado do proprietário. Logo ao chegarmos, voltados para o lado da residência principal, ocorrem duas explosões luminosas a uns 40 ou 50 metros de altura, para o lado de onde viéramos e a cerca de 400 metros presumíveis de distância. A seguir, uma grande massa foscamente iluminada vemos postar-se sobre o morro à direita de quem desce, emitindo de vez em quando jato de luz brilhante. Colocamo-nos todos voltados para essa luz ou objeto nitidamente branco, formando vivo contraste com o negro da floresta que cobre o local. Súbito, desaparece e reaparece bem mais à direita, em ponto mais alto de uma elevação que lá se destaca, emitindo agora uma luz bem diferente, de tom rosa violáceo e mais brilhante, isto é, mais intensa. Apresentava, outrossim, um aspecto de maior dimensão do que na primeira posição. Alguns segundos e desaparece, para ressurgir na primitiva posição à nossa frente e com o aspecto leitoso como dantes. Observamos que não haveria condição para afirmar tratar-se de uma ou várias luzes ou objetos luminosos, digamos, dois alternando-se nessas emissões, ou se apenas um, tomando aquelas posições ali e acolá, sem que pudéssemos perceber seu efetivo deslocamento. Nesse interim, o sr. Wilson se põe em uma das extremidades do grupo, que se alinhara na estrada com frente para essa luz, acionando sua lanterna. Diz ele então:

> Supunha eu que tudo estivesse bem, (referindo-se como após confirmou, a uma possível aproximação e contato com aquele objeto), mas não está. Não sei por que, mas há qualquer coisa.

A esse tempo ao lado, o sr. Waldir Coutinho dizia-nos baixinho:

> Estou passando mal, com terrível dor de cabeça, pressão sobre o plexo e sentindo náuseas...

Procuramos tranquilizá-lo, infundindo-lhe calma, mas insistia no seu estado. Nesse meio tempo, o sr. Wilson sente como um impacto mental ou físico-mental e cai de costas ruidosamente, fazendo-nos apreensivos e atentos, continuando, porém, em nossas posições. Fitávamos firmes a luz à nossa frente que dava a impressão de aproximar-se à insistência do sr. Wilson, logo refeito do incidente que lhe ocorrera. Assim o fazia, insistindo e pondo-se a uns 10 a 15 metros à frente do grupo na direção daquela "coisa" postada sobre a floresta, na encosta do morro a frente. Essa insistência a fez, inicialmente, em voz alta para, a seguir, limitar-se a um apelo mental, segundo informou. Recebeu, porém, forte impacto mental, disse depois, como a indicar-lhe perigo de vida para alguém que, no primeiro instante, pensou ser o dr. Oswaldo França. Como insistisse, porém, no apelo à aproximação, disse ele, começou a sentir, de repente, forte dor de cabeça e pressão sobre o plexo como o sr. Waldir, sentindo-se muito mal e recebendo como uma imperativa ordem para que todos se retirassem rapidamente, contrariando, assim, os nossos propósitos e decisão até aquele instante. Como relutasse no acatamento daquela como ordem mental recebida, agravou-se o seu mal estar e, então, voltou ao grupo, sentindo-se muito mal, pedindo a todos que se retirassem imediatamente, em apelos ansiosos de quem estaria mesmo passando muito mal. Dá-se, então, o atropelo da entrada apressada na kombi.

Enquanto isso, conservo-me estranhamente calmo, observando o ambiente, enquanto, um a um, entrava o grupo na kombi. Fui o último a entrar e até a discreto contra-gosto. Assim é que, continuando a observação do objeto, vi desfazer-se aquela luminosidade fosca de grandes dimensões e surgir ao lado oposto, a certa altura, e não muito distante, uma luz como de uma estrela piscando intensamente e emitindo jatos mais intensos em nossa direção. Assim se conservou enquanto descemos, já na Kombi, 200 a 300 metros, apagando-se logo que o sr. Wilson, já refeito, de dentro do veículo, acionou em sua direção a sua lanterna forte, várias vezes. Esse objeto ou luz como de estrela, todos observaram bem, se achava bem aquém da linha do horizonte, a meia distância talvez, e a uns 700 metros no máximo de altura, segundo a média das impressões de todos nós.

Descemos, então, não mais observando qualquer fenômeno luminoso naquela noite. Aconteceu, porém, que, ao atingirmos o pátio da residência principal, o sr. Waldir, juntamente com o dr. Oswaldo França, se encaminha para o lado de onde, pouco antes, piscara intensamente o objeto luminoso, como referido. Pede-nos então o sr. Wilson para chamar os dois solicitando-lhes para que não se dirigissem para aquele lado. Aproximei-me de ambos e ouvi o sr. Waldir em transe: – "Vocês não deviam ter trazido aqui esse meu sensitivo (referindo-se ao próprio), pois se ali tivesse havido contato, com certeza ficaria um defunto, pois ele não teria resistido".

A seguir, pedindo-me para chamar o sr. Wilson, um tanto distante, ao aproximar-me deste, imediatamente exclama ele:

> Estou dizendo aqui ao Edmar que se, naquele momento, houvesse aproximação e contato, o Waldir não resistiria ao choque emocional. Morreria lá.

Foto 7 – Luz na mata (v. o texto à p. 96). Esta fotografia deve ser vista girando o livro para a direita. Perceber-se-á um conjunto de árvores à direita.

Achei interessante e anotei essas duas afirmações concordantes e pronunciadas em pontos distantes. Realmente, após, em estado de vigília normal, o sr. Waldir confessa que, na realidade, se sentira terrivelmente mal naquela oportunidade.

Dessa forma, sem que mais nada de importância ocorresse naquela noite de emoções extraordinárias, encerramos as observações e pesquisas a que nos houvéramos proposto então.

Comentário

Brasília, 24 de julho de 1968

Tínhamos, todos nós, realmente assistido a uma estranha fenomenologia naquele ambiente deserto, de subidas, descidas e elevações, e já bem conhecido de todos, sem vias de acesso por onde pudéssemos supor ao menos haver se deslocado quaisquer veículos ou se postado qualquer aparelhagem que nos viesse ou pudesse mistificar. Na verdade, que luz aquela? De aspecto tão vário, de tônica tão diferente, ora fosca, ora verde-claro ou amarelo claro esverdeado, ora de tom róseo puxando ao violáceo. E os deslocamentos sucessivos de extraordinária rapidez, ocupando diferentes posições sobre um terreno elevado coberto de floresta em que nenhuma viatura poderia penetrar? E a intencionalidade ou inteligência manifestas nos fenômenos telepáticos apontados, confirmados nos sintomas produzidos, particularmente no sr. Wilson, quando relutava em abandonar a posição em que estava juntamente com o grupo? E a demonstração final, em que, como uma estrela piscando intensamente, se põe aquela luz no espaço não muito distante, desaparecendo logo após o sr. Wilson acionar como transmitindo uma mensagem de mútuo entendimento? São interrogações que se levantam agressivas ao raciocínio do espírito científico atual. Uma inteligência, uma capacidade operacional atrás de tudo aquilo? Como possível duvidar, face à realidade dos fenômenos observados?!...

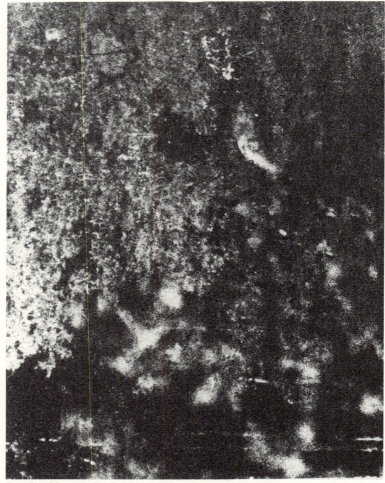

Foto 8 – "No meio do círculo em linha interrompida, distingue-se um vulto quase de perfil, com algo luminoso na mão esquerda, e usando botas altas. Ser de torax amplo, cabeça e nariz grandes." Esta fotografia deve ser vista girando o livro para a direita.

Relatório nº 2 – Luzes que surgem e se movimentam... Faróis à distância... Luzes se movimentam... Uma estrela junto a nós?

Éramos quatro nessa noite. Assim aconteceu:

Postamo-nos no nosso ponto escolhido de observação, agora pequena área triangular preparada anteriormente, em torno de 20 horas.

Eu, Alfredo Moacyr Uchôa, sr. Wilson Gusmão, proprietário da fazenda, o industrial Edmar Lins e o estudante José Marques de Araújo. Na véspera, sábado, com um grupo de 7 (sete), nada havíamos assinalado digno de maior nota, apenas alguns pontos luminosos e pouco intensos nas imediações. Nessa noite, logo ao chegarmos, postados para o horizonte mais distante do lado da residência principal, surge à nossa esquerda uma luz brilhante, intensa, de tônica vermelho-violácea, mostrando-se logo após pequeno bosque que fica um tanto abaixo e, aproximadamente, a 100 metros de distância. A luz estaria a cerca de 150 a 200 metros presumíveis. Logo após, uma luz sensivelmente maior aparece e se posta mais à esquerda, passando, então, as duas a piscar seguidamente, com intervalos, porém, sensíveis de obscurecimento total. É uma luz atípica, bastante diferente, na sua irradiação, das que estamos acostumados a ver de uma lanterna, um farol ou poste de iluminação: apresenta um volume maior e brilho menos intenso que essas referidas.

Logo após, acende-se uma outra, agora à direita, de tom verde-claro, como se à meia encosta da elevação em que estávamos, a uns 200 metros prováveis, que responde, com piscar luminoso, aos sinais da nossa lanterna... Passa-se algum tempo e no mais longe e mais alto do horizonte ambiente, 1.200 a 1.500 metros presumíveis em linha reta, em local conhecido do grupo, onde não há residência, estrada de rodagem ou mesmo carroçável, começa a formar-se, partindo de detrás do morro, enorme clarão tomando a forma circular. Intensifica-se essa luz, ou antes luminosidade, partindo então, do seu centro, jatos de luz intensa irradiante, ainda de tom vermelho-violáceo, lembrando farol de orientação náutica que se acendesse várias vezes sucessivas. É tão intensa essa luz que ilumina a encosta do morro distante e temos a impressão de que nos atinge mesmo àquela distância. Trocam-se sinais entre o grupo e aquela projeção distante. Pouco depois, aquela luz é projetada para cima, aclarando vivamente, grande área de nuvens escuras de tempo chuvoso, oferecendo belo contraste com o escuro, negro, da parte não iluminada.

Extingue-se, então, aquela luz e imediatamente surge à nossa direita, fazendo ângulo de mais de 90 graus em relação à posição primitiva, como se houvera percorrido a linha do horizonte, postando-se, assim, bem mais próximo – 300 a 400 metros presumíveis em linha reta. – Dessa nova posição, vários jatos de luz foram projetados na nossa direção. A seguir, em nova posição, como na bissetriz do ângulo já assinalado, mas agora, não no alto de qualquer das elevações circundantes, mas no espaço, bem acima, mostrando-se como grande estrela que piscasse intensamente e que se achasse próximo a nós, aquém da linha do horizonte e a uns 200 a 300 metros de altura presumíveis. Sua luz mostrava um verde-claro acentuado.

Logo após, com essa mesma característica de tom luminoso, mostra-se bem abaixo da linha do horizonte e mesmo abaixo do nosso local de observação, em ponto de um bosque em que há um coqueiral e que todos conhecemos bem. Estivemos a observar essa luz por vários minutos, recolhendo-nos a seguir à caminhoneta donde podíamos olhar atentamente, como o fizemos. Éramos quatro no veículo. Um leve torpor começou a invadir-nos. Então, saí e pus-me a observar de fora, enquanto sonolência profunda começou a sobrevir aos três outros no veículo. De fora, porém, e me dirigindo constantemente ao sr. Wilson, ao lado do motorista, permanece ele também de vigília, apesar de sonolento, quando os dois outros, então, já dormiam. Vimos então que a tal luz sob vista, agora, mostrando-se menos intensa e um tanto fosca, passou a deslocar-se em nossa direção, caminhando primeiro pela linha da base do morro à nossa direita, para em seguida aproximar-se diretamente, subindo a encosta. Chegou a distância presumível de 20 a 30 metros. Decidi, então, adiantar-me até ela, mas, depois, considerando experiências anteriores de outras pessoas que haviam observado que, quando se forçava a aproximação, luz como aquela costumava recuar, e levando em conta também, o raciocínio de que se havia ela se deslocado de tão longe, poderia aproximar-se se quizesse; por isso tudo resolvi aguardar. Dali, porém, voltou ela, seguindo caminho inverso inicialmente, para depois subir a encosta enflorestada do morro à nossa frente, erguer-se acima do horizonte, voltar-se à esquerda e só então desaparecer. Todos os demais do veículo despertam e eu, que estivera "espertíssimo", passo a ser acometido de sonolência forte que veio a desaparecer 15 a 20 minutos após.

Comentário

Foi, em verdade, uma noite de ricas observações, dada a continuidade das eclosões luminosas, como descrito, culminando na luz, como estrela a pouca altura, bem aquém da linha do horizonte. Como atentar científica ou tecnicamente para tais ocorrências? Não se estaria apresentando, ali, um apelo a uma vista de fatos *supranormais*, isto é, fora da nossa ciência atual, do espaço-tempo, mesmo relativista, de concepção einsteiniana, pois algo estaria promovendo e dirigindo aquela luz?!... Tais deslocamentos, tais impossibilidades naquele espaço límpido sobre um deserto ambiente? Que dizer e que pensar? O que *pensa* e *age* ou quem pensa e age atrás dessas manifestações fenomênicas? E aquela aproximação final, denotando como intencionalidade, aquele sono estranho que se apoderou de todos, e, afinal, aquele flutuar de luz estranha, que sobe a encosta e, depois, acima do horizonte caminha, caminha e, afinal, desaparece?!

Relatório nº 3 – Estranha luz dourada no contorno montanhoso do horizonte!... Iluminam-se nuvens densas de chuva!... Uma névoa apenas?...

Reunimo-nos no local habitual, com ótima visibilidade para todos os lados. Éramos cinco: sr. Wilson Gusmão, sr. Edmar Lins, industrial, dr. Oswaldo França, juiz do Tribunal Regional Eleitoral de Brasília e o estudante José Marquês de Araújo.

Vimos, imediatamente, à nossa esquerda, duas luzes de

tom vermelho-violáceo, piscando continuamente à distância presumível de 200 a 300 metros, um pouco além do pequeno bosque que nos fica próximo e um tanto abaixo. Em certo momento, desloca-se uma das luzes para a direita, postando-se à extremidade do referido pequeno bosque, e assim bem mais perto de todos nós. Aí permanece por algum tempo, voltando rapidamente à posição inicial perto da outra. Em seguida, todos vimos, nitidamente, formarem-se, digo, surgirem dois clarões distintos, porém, próximos um do outro, na linha do horizonte mais distante e no ponto mais alto, os quais vinham como que subindo detrás do morro em frente a nós. Eram de forma circular. Aumentaram de intensidade luminosa, ao mesmo tempo em que se fundiam num apenas, mostrando-se exatamente no ponto mais alto. Do seu centro, partem jatos de luz intensa, que se repetem durante algum tempo, apresentando belo aspecto. Denotam um tom vermelho violáceo. A noite estava escura, e nuvens pesadas pairavam no alto, atingindo a linha do horizonte. Passamos a notar, logo a seguir para o lado do pequeno bosque além do qual surgiram de início as duas luzes, uma mancha nevosa, de cor cinza claro. Essa mancha ora aumentava ora diminuía, despertando-nos por isso a atenção, apesar de a termos atribuído à umidade atmosférica. Nesse ínterim, novos e intensos jatos, como de faróis próprios para orientação da navegação à entrada das barras dos portos, são novamente emitidos do ponto anteriormente descrito, mas agora tão intensos que os raios, parece, nos iluminam apesar da distância presumível de 2 a 2,5 km.

Cessado esse fenômeno, naquela escuridão pesada que pairava sobre a linha do horizonte (já descrevemos que o aspecto topográfico da fazenda é como o de uma bacia), eis que ocorre o inesperado.

Subitamente, e por alguns sensíveis segundos, grande parte do contorno distante se ilumina como a prolongar-se para cima, por uma faixa amarelo-puro, aquele escuro acentuado dos morros à nossa frente, abarcando um ângulo de cerca de 45°. Demo-nos conta, no momento, da importância dessa observação que teria demorado seguramente de 10 a 15 segundos (supomos), de vez que, dado o arco do círculo implicado, um jato de holofote jamais poderia produzir tal fato. Tudo se passou como se, subitamente, atrás dos morros, fossem acesas lâmpadas de *neon* projetando tão intenso clarão que se elevassem por trás do morro.

Algum tempo após, começamos a notar a intensificação, ou melhor, o adensamento da formação nevosa que observáramos antes, à nossa esquerda, sobre o pequeno bosque, a cento e poucos metros de distância e abaixo, supondo-a, é óbvio, uma neblina natural, não obstante o claro bem definido de outras partes baixas sob nosso alcance visual. Algumas circunstâncias nos chamaram a atenção:

1) a formação nevosa dispunha-se no local onde se encontrava a já referida luz vermelho-violácea, para a direita, estando tudo claro para o lado oposto, isto é, para a esquerda, distinguindo-se nitidamente, para esse lado, a pequena mata;

2) em volta, nos pontos mais baixos, mesmo para o lado do pequeno córrego existente, tudo estava claro, sem qualquer neblina ou névoa.

Permanecíamos assim em observação atenta, quando então notamos que a névoa crescia rapidamente para a direita e, mais, que estava se aproximando sensivelmente de nós, não direta e frontalmente, mas como perfazendo um círculo que tendesse a nos envolver em pouco tempo, tal a evolução do fenômeno. De fato, vimos a névoa subindo o morro, elevação bem maior em que nos encontrávamos, dispondo-se de tal sorte que, quando a uns 20 metros de distância aproximadamente, observamos que estava bem densa, fechada, formando como que um arco de círculo abatido sobre a encosta, evoluindo de tal maneira que, em poucos instantes, se fechou o círculo, compreendendo já a caminhoneta que se achava do lado oposto ao da luz inicial. A área triangular em que nos encontrávamos, ainda clara, passou a ocupar-lhe o centro, vindo logo após a ser invadida pela névoa, que afinal nos envolveu completamente. Rapidamente, em 3 a 5 segundos, se tanto, tudo se desfaz, voltando a uma perspectiva clara, límpida, inclusive da própria área do bosque donde partira tal névoa. Assim terminaram as observações daquela noite.

A Parapsicologia e os Discos Voadores

Comentário

As observações daquela noite, se analisadas, deixam-nos bastante em que pensar. Vejamos:

1º) Quando, apesar do envolvimento de nuvens pesadas de chuva que cobriam o horizonte distante, se levantou, de súbito, aquela faixa amarelo-ouro, como um debrum a prolongar-se para cima da linha de horizonte escuro dos morros, que pensar para explicar tal evento? Pensamos: seria vento intenso que por lá soprava, elevando aquelas nuvens pesadas de chuva, aquela massa informe, impressionante!... Mas, então como desfazer essa faixa tão de repente, talvez em 5 a 10 segundos, se, mesmo mudando a direção e o sentido do vento, haveria que vencer a *inércia* daquela massa, naquele visível e rápido movimento ascendente? E todos viram que a perspectiva de fechamento completo por nuvens pesadas sobre a linha circular do horizonte se restabeleceu celeremente.

2º) No que respeita às circunstâncias em que evoluiu a névoa, que se originara do bosque à esquerda, subindo o morro em que nos encontrávamos, demos a essa observação certo valor por acharmos realmente estranho que apenas condições atmosféricas promovessem tudo aquilo em tão pouco tempo, nas condições descritas, como traduzindo algo controlado, haja visto a formação do arco nevoso abatido sobre a encosta, aproximando-se assim, maciço, acabando por completar um círculo a nosso redor, em ponto bem mais alto, para, afinal, desaparecer, em poucos segundos. De fato, toda a parte nublada súbito se aclara, como claro e límpido já se achava o restante ambiente de nossa observação.

Relatório nº 4 (fig. 1, p. 118) – Um arco luminoso de mais de 1.000 metros de altura

Fazenda Vale do Rio do Ouro, 16 de novembro de 1968.

Reunimo-nos na área triangular já assinalada, em torno das 21 horas. Éramos sete: eu, o sr. Wilson Gusmão, sr. Edmar

Lins, dr. Oswaldo França, o estudante José Marques de Araújo, capitão Paulo Roberto Yog de Miranda Uchôa, e o capitão Edgardo Ronald de Almeida Cardoso.

Surge logo uma luz um tanto avermelhada, de tom violáceo, que se apresenta nitidamente à observação de todo o grupo. Desaparece, às vezes, para ressurgir deslocada ora para um, ora para outro lado. A seguir, essa luz pisca seguidamente em correspondência aos sinais emitidos pela lanterna do sr. Wilson. Logo após, todos vêm no mais alto ponto do contorno distante, à nossa frente, no momento, bem escuro, um clarão circular que se vai intensificando celeremente, definindo-se com extraordinária nitidez, apesar da distância presumível de cerca de dois a três quilômetros. Apresenta-se em ponto de difícil acesso, digo, de acesso apenas para pedestre ou a cavalo, já bem conhecido do grupo, e de lá são emitidos intensos jatos de luz como de um farol que se acendesse, projetando em nossa direção. Cessam esses jatos e, aos poucos, desaparece o clarão.

Passados alguns instantes de expectativa, uma luz agora clara, de tom amarelo esverdeado, é observada a leste, a pequena altura sobre a encosta da elevação que se ergue para esse lado a apenas 200 a 300 metros de distância. Todos observam atentamente essa luz, que apresenta dimensão razoável, com discreta irradiação. De repente, dela parte um *flash* de luz em forma de arco, ou melhor, um U invertido, ligando esse ponto a um outro nas encostas de outra elevação mais para a direita e de nível mais alto (fig. 1). Todos, surpresos, observamos atentamente o fenômeno nítido à nossa frente, apresentando uma luz de tom amarelo esverdeado. Havia tênue clarão de lua em quarto crescente, já muito baixa, perto do horizonte. Todos comentávamos o insólito fenômeno: poderia ser, por acaso, decorrente daquele luar mesmo tênue? Todos acordamos na impossibilidade da hipótese. Pesada nuvem negra encobre então a lua próximo ao horizonte. Escurece completamente o ambiente e o tal arco agora fica bem mais nítido, ostensivo e belo. Pouco após, desaparece e nada mais ocorre.

A Parapsicologia e os Discos Voadores

Fig. 1 – Arco luminoso de cerca de um quilômetro de altura, amarelo-esverdeado. (Relatório n.° 4).

Comentário

Naquela noite, retiramo-nos sob o impacto de tal fenômeno: *luz curva, de forma tão ostensiva*!... Basta dizer, que entre os pontos de apoio do tal arco a distância seria, no mínimo, de 800 a 1.000 metros!... Pois, em face das leis conhecidas da ótica, como explicar tal fenômeno? Interferência de campos eletromagnéticos naquele fenômeno luminoso? Alguma relação, mas em nível alto, com o estado da matéria "bola de fogo", das experiências de César Lates em Chacaltaya, na Bolívia, relatadas em reunião promovida pelo Centro Nacional de Pesquisas, no Rio de Janeiro?

De fato, aquele insólito encurvamento de luz, naquele ambiente de encosta de morro e florestas nas condições indicadas, sem nenhuma perspectiva de explicação científica ou técnica, face aos conhecimentos atuais, parece indicar algo de *supranormal*. Uma inteligência, uma capacidade operativa, que escapa integralmente aos nossos conceitos atuais e possibilidades técnicas.

O que, então, se produziu assim, tão objetivamente, supreendeu sobremodo a todos ali presentes, constituindo-se em assunto de conjecturas e debates e hipóteses e um discreto "mistério", que aponta para uma técnica ou ciência maior!...

Relatório nº 5 – Objeto circular voa sobre nós...

Fazenda Vale do Rio do Ouro, 19 de novembro de 1968

Nesse dia, ao cair da noite, viajávamos para a fazenda onde habitualmente vínhamos observando fenômenos luminosos fora do comum. Já estava um tanto escuro, quase fim do crepúsculo. Achávamo-nos a cerca de dois a três quilômetros da fazenda, quando vimos, de encontro a escuras e pesadas nuvens, longe, à nossa frente, uma pequena mancha acentuadamente branca. Éramos quatro, o dr. José Silva Leal, procurador do IBRA, dr. Ivanir Vianna, da Assessoria Jurídica para Assuntos Fundiários, também do IBRA, o então estudante, hoje engenheiro, Paulo Fonseca, e eu, Alfredo Moacyr de Mendonça Uchôa. Disse, na ocasião, o dr. Ivanir, apontando para a tal mancha bem acima do horizonte distante, em uma linha que ainda bem se distinguia: "Olhem, é um objeto, e não apenas uma nuvem"! Todos olhamos e vimos aquela "coisa" crescer sensivelmente, de nós se aproximando de forma rápida, em direção coincidente com a da estrada em que nos achávamos. Toma logo a forma de um disco, ou melhor talvez, uma forma lenticular definida, de contornos nítidos de um objeto que se encaminhasse em nossa direção e um tanto inclinado para o lado esquerdo. Acompanhamos-lhe o deslocamento de aproximação, observando bem e calmamente, de vez que, apesar da velocidade apreciável, o avanço era rigorosamente em nossa direção, tanto que passou sobre nós, à altura de uns 100 a 300 metros. Nessas condições, tivemos a impressão que teria de 20 a 30 metros de diâmetro. Logo desapareceu em sentido oposto, porém na mesma direção, dando, aí, a sensação de extraordinária velocidade. Seu aspecto era um tanto nevoso, de um branco acinzentado, porém, como já referimos, de contornos bem nítidos. Não fez ruído algum, nem emitiu raios luminosos ou apresentou sensível luminosidade.

Prosseguimos a viagem e quando atingimos a cancela da entrada da fazenda, todos vimos jatos de luz intensa, projetando-se em nossa direção, exatamente da área triangular já referida em outros relatórios, onde usualmente nos postamos para as observações. Isso, a uma distância de aproximadamente 200 a 300 metros. Trocamos sinais luminosos, ocorrendo-nos, então, que lá já se poderia encontrar o sr. Wilson Gusmão, proprietário da fazenda, e nos estivesse saudando, provavelmente com o grupo, naquele tradicional posto de observações. Comentamos sobre essa hipótese, ao que o dr. Ivanir replica: – "Não, não é o Wilson. Tenho até o pressentimento de que ele não se encontra na fazenda". Realmente, a seguir, na descida, verificamos não se encontrar pessoa alguma na tal área e lá, bem abaixo, na residência, certificamo-nos de que o sr. Wilson se encontrava ausente, posto que viajara para Goiânia. Aliás, verificamos que a sua lanterna se achava colocada sobre a laje que cobre a lareira. O mais importante, porém, é que, ao chegarmos à residência, a sra. Luzia de Gusmão, esposa do sr. Wilson e o seu irmão Rômulo de Araújo, com a assistência de várias outras pessoas, empregadas da fazenda, nos disseram que, pouco antes da nossa chegada, um objeto como o descrito se achava pousado bem à vista, à direita, em um campo ligeiramente inclinado, bem próximo, e dali levantara vôo poucos minutos antes da nossa chegada. Essa espontânea, entusiástica e unânime afirmação feita antes de saberem do que nos havia ocorrido pouco antes na estrada e na cancela, é óbvio, veio valorizar a observação feita e já descrita, conferindo-lhe mais um traço de autenticidade, em face da hipótese que pudesse ser aventada de que houvéssemos sido presa de alucinação visual, se bem que esta houvesse que atingir, naquele instante, a quatro pessoas, que, na estrada, conforme descrito, *haviam visto a mesma coisa*.

Comentário

Convém notar que, nessa noite, não obstante tão promissores indícios na entrada da noite, conforme descrito, permanecemos das 21 às 23 horas no triângulo de observação, sem que nada absolutamente ocorresse. Conclui-se, então, que, sem nenhuma expectativa de antemão, acontecimentos excepcionais podem subitamente vir a ocorrer, não se verificando isso, porém, nem nos casos de atenta observação e persistência no mesmo local, onde, segundo afirmações fáceis de céticos, poderia dominar a hipnose coletiva ou individual, auto-hipnose, sugestão etc., fazendo ver luzes ou supostos objetos, imaginários... De fato, nessa noite e nessas condições e predisposições, nada, nada mais foi visto!

É de acrescentar-se sobre a observação relatada que, de fato, nada, naquele ponto, esperávamos, segundo a rotina das ocorrências anteriores, bem assim que nos surpreendeu o inesperado dos jatos luminosos que nos receberam à chegada na cancela de acesso à fazenda. Por outro lado, não há como deixar de valorizar o espontâneo testemunho das pessoas que nos receberam ao chegarmos à residência da fazenda, lastimando que não houvéssemos chegado antes para compartilhar da precisa e nítida observação que haviam feito, do objeto postado tão perto.

A isso respondemos então:

"Bem, melhor assim, porque acabaram de dizer que *havia* levantado vôo poucos minutos antes e, *exatamente*, pouco antes, a três ou quatro km daqui esse objeto nos sobrevoou a baixa altitude, com aspecto bem *nítido*, e extraordinariamente bem definido."

Relatório nº 6 – Reprodução no espaço!? Uma fotografia?

Fazenda Vale do Rio do Ouro, 26 de dezembro de 1968

Éramos nessa noite: eu, Alfredo Moacyr Uchôa, sr. Wilson Gusmão, proprietário, srs. Edmar Lins, industrial, Rómulo Marques de Araújo e José Marques de Araújo, capitães Paulo Roberto Yog de Miranda Uchôa e Edgardo Ronald de Almeida Cardoso. Postados na pequena área triangular de observação às 21 horas, todos vimos surgir, a meia encosta da elevação à frente (distância aproximada de 1.000 a 1.500 metros), uma forma nevosa, um tanto alongada, tornando-se, de vez em quando, mais brilhante. Todos observamos que se deslocava como que se elevando. Em certo momento, tornou-se bem mais brilhante, dando a impressão de aproximar-se. Pouco a pouco, foi subindo, desaparecendo próximo à linha do horizonte à nossa frente. Passado algum tempo, afinal, todos vimos junto à maior elevação à frente, um tanto à esquerda, e batida de encontro a um céu claro, límpido, uma enorme mancha escura, em forma de charuto, mostrando-se inclinada, segundo o seu eixo maior em relação ao horizonte (ângulo presumível de 70 a 80 graus). O capitão Edgardo de Almeida bateu uma foto do suposto objeto. Essa foto nada revelou, justificando a nossa expectativa, pois era noite, a distância relativamente grande e também pouca exposição.

Desse fenômeno, o maior valor, todos concordaram, residia no fato de que havia sido tirada, pouco tempo antes, uma fotografia pelo sr. Edmar Lins, então presente (publicada, aliás, em seu livro *Os Fantásticos Caminhos da Parapsicologia*, Ed. EBRASA), mostrando exatamente um objeto naquela mesma posição e naquele ambiente. Fotografara ele, à tarde, uma nuvem um tanto estranha que lhe despertara a atenção e, de fato, a obtivera na forma citada. Examinada a fotografia e comparadas as dimensões do suposto objeto com as elevações circundantes, é de se lhe atribuir um mínimo de 150 a 200 metros. Realmente, não há como negar a importância dessa coincidência da observação feita naquela noite com a tal fotografia, tudo se passando como se um propósito dirigisse o acontecimento.

Comentário

É tal o valor do que aqui referimos, neste relatório, no sentido de demonstrar a intencionalidade subjacente àquela observação ou àquele fenômeno, que devemos nos preparar para a reação do leitor quanto a argumentar ser mesmo *incrível tal* coincidência, ou tal fato! Escrevemos o relatório e assim procedemos divulgando-o, dentro daquele imperativo da *verdade,* que para ser pronunciada não deve pedir licença aos céticos ou descrentes!... Realmente, todos concordamos no extraordinário do que se passara, no ajustar-se aquela mancha escura, no céu límpido, e daquela altura, à tal fotografia, que aqui apresentamos (foto 1, p. 56), já publicada no livro de Edmar Lins.

De documento em nosso poder, consta a seguinte referência a essa fotografia reproduzida no espaço, de autoria de Edmar Lins. Diz ele:

> Viro a página do álbum de fotografias de pesquisa e vejo uma foto, talvez a mais fantástica observação de quantas fiz ali. A que chamamos "O Charuto". Não era noite ainda, mas a tarde já morria no horizonte. Pela manhã tirara várias fotografias da região e sobraram ainda algumas chapas. Quis aproveitar a beleza da tarde e bater as últimas fotos para revelar logo o filme. Um ângulo daqui, um aspecto dali. Súbito, olhei o céu e vi uma estranha nuvem – assim pareceu muito luminosa na periferia.
>
> Pensei, no momento, que isso se devia aos últimos raios do sol, que nela incidiam diretamente. Rápido, bati a fotografia, com medo de não conseguir devido ao desaparecimento dos raios do sol, impossibilitando-me de gravar a "misteriosa nuvem" com a minha simples Olympus Pen. Rodei o botão da máquina, pondo a máquina no número seguinte,

quase mecanicamente. Olhei o céu e não vi mais nada.

Saiu a fotografia n° 1. que foi vista projetada naquele ambiente por nós que nos encontrávamos no ponto de observação, conforme relatado. Há que apurar o clichê.

Ainda do seu documento consta:"Uma semana depois, quase todo o grupo via a mesma coisa. Éramos 7 (sete) nessa noite. Bons companheiros. Deles guardo a melhor recordação. Eram: Moacyr Uchôa Wilson Gusmão, Rômulo Marques de Araújo, José de Araújo, Capitães Paulo Roberto Uchôa e Edgardo Cardoso e eu que esta assino como um depoimento, ass. Edmar Lins."

Relatório n° 7 (fig. 2, p. 126) – Um "show" de luzes de colorido vário

Fazenda Vale do Rio do Ouro. 23 de janeiro de 1969

Nessa noite, no nosso habitual ponto de observação, reunimo-nos sete: eu, a sra. Wilson Plácido Gusmão, o dr. Oswaldo França, advogado e juiz do Tribunal Regional Eleitoral, o dr. Jayme Zweiter engenheiro civil, sr. Luiz Macedo, jornalista, sr. Adelino da Rosa, então funcionário da gráfica do Senado.

Ali nos postamos às 22:30h., sob a pesada chuva que caia, desde a primeira parte da noite. Descreveremos as ocorrências referindo-nos aos vários pontos indicados no croqui (fig. 2) orientado pela linha NS assinalada. Do ponto em que estávamos, a linha NS passa bem próximo à casa principal da fazenda, ficando esta a norte Como varias vezes já indicamos, com exceção de uma das direções que aponta para a residência da fazenda vizinha, do cel. Epitácio de Brito, do ponto de observação, não há qualquer casa à vista. Ambiente conhecidíssimo por todos nós que já o percorremos a pé, muitas e muitas vezes.

Passam-se alguns instantes e acende-se uma luz no ponto (1) a oeste, luz vermelho-violácea, piscando continuadamente. Apaga-se e surge uma outra a NE no ponto (2), em ângulo bem acima de 90° em relação ao ponto (1). Aí, em (2), apresenta-se de cor diferente (verde-claro tendendo para o azul) porém, ainda piscando seguidamente. Nesse ínterim, bem mais ao longe, acende-se uma luz bem mais intensa (ponto 3), emitindo jatos como farol náutico, várias vezes A seguir surge uma luz análoga em (4), a SO, já bem mais perto e ainda bem mais se aproxima à observação de todos, até a posição (5), a 150 ou 200 metros presumíveis. A luz agora é intensa. Surge com o mesmo aspecto (seria a mesma ou outra?...) Aparece no ponto (6) do outro lado da estrada, conforme se indica no croqui. Encontra-se, agora, nas proximidades da cancela de acesso à fazenda, a uns 200 ou 250 metros do ponto em que nos encontramos. Aí, agora, apresenta uma cor vermelho-violácea e é bem brilhante. Então, para surpresa de todos, vem aproximando-se de nós uma luz avermelhada um tanto fosca, movimentando-se e bem perto de nós, de seis a oito metros aproximadamente, junto à estrada, a cerca de dois metros dos automóveis (ponto 7). Era noite de chuva e vento, mas podíamos distinguir, e bem, a tão pequena distância. Para todos nós, tudo se passou como se aquela luz se deslocasse sozinha sem qualquer suporte ou veículo aparente, humano ou não. O sr. Adelino da Rosa, que se encontrava em um dos carros, viu-a aproximar-se e parar a uns dois metros do local em que ele se encontrava, sem que pudesse distinguir mais do que a própria luz, como pairando no espaço, confirmando assim a observação dos que se encontravam um pouco mais afastados. De fato, a tal luz não ultrapassou as viaturas ali postadas. Parou, como observou o sr. Adelino, e desapareceu.

Continuamos a observação, apesar do mau tempo, e alguns minutos mais tarde uma luz esverdeada surge em (8), bem próximo, persiste e pisca várias vezes significativamente, em correspondência com sinais emitidos pelo sr. Wilson. Afinal, encerrando as observações daquela noite, nos longes do ponto (3) (2.000 metros presumíveis), reacende-se luz intensa, emitindo jatos sucessivos, iluminando bastante a encosta distante e a nós próprios, apesar daquela distância.

A Parapsicologia e os Discos Voadores

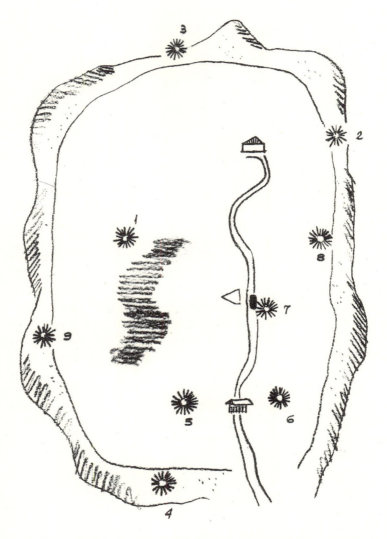

Fig. 2 – Sequência cronológica e topográfica dos fenômenos luminosos observados a 23 de janeiro de 1969, e descritos no relatório n.° 7.

Comentário

Tudo o que acabamos de descrever cresce de importância para nós, desde que conhecemos perfeitamente toda aquela topografia, todos aqueles locais sem quaisquer vias de acesso para automóveis ou outros veículos, sem casas ou barracos, a não ser em dois pontos precisamente definidos no ambiente: um para o lado (2), casa de fazenda, outro bem a oeste – pequeno barraco no ponto (9).

Foi, pois, uma noite rica de objetivas observações, chegando a "coisa" luminosa ou a luz até bem menos de oito metros de todos nós, naquele ambiente de chuva, em que assistimos muito atentos a tudo aquilo. Evolução de uma única luz, ou "coisa" luminosa, apenas, mudando de dimensão e cor sucessivamente? Ou várias delas naqueles diferentes pontos, cada uma com a sua caracterização própria? Naquela noite, não poderíamos decidir, pois não observáramos deslocamento de um ponto para outro, como já ocorrera outras vezes, deslocamentos esses até fotografados, segundo assinalaremos em relatórios posteriores.

Nessa noite, aliás, é que soubemos do sr. Wilson Gusmão, proprietário, então, da fazenda, que já houvera tomado contato, pela madrugada, com certos seres que controlavam essas luzes, recebendo algumas mensagens que, oportunamente, divulgaria. Acrescentou ele que houvera pedido que uma delas, ainda não terminada, fosse concluída *face a testemunhas* e que recebera a promessa de que assim o fariam.

Hoje, podemos dizer que cumpriram essa promessa. Em 31/01/69, perante um grupo de 7 (sete) testemunhas deu-se o notável evento que descreveremos adiante, isto é, aquele encontro prometido. Nós, que aqui depomos, nos encontrávamos entre as testemunhas.

Relatório nº 8 – Precisão cronométrica nos sinais prometidos... Telepatia com extra-humanos?!... Precognição?!...

Fazenda Vale do Rio do Ouro, 26 de janeiro de 1972

A notável aproximação de luzes anotadas no relatório precedente, no dia 24 de janeiro, havia estimulado nova reunião do grupo que, contudo, não se reuniu completo. Estávamos presentes, eu, o dr. Oswaldo França, dr. Jayme Zweiter e o sr. Adelino da Rosa. Éramos então apenas quatro, nessa noite, achando-se o proprietário da fazenda, o sr. Wilson Gusmão, ausente, e impossibilitado de comparecer o Major Jacob Zweiter. Esta noite passou a ser de grande significação, bastando atentar para o que se segue:

Antes da reunião para a observação costumeira, ao chegarmos à fazenda, os quatro nos reunimos, de passagem, no ponto de observação para uma primeira vista no ambiente, aproveitando ainda o lusco-fusco da entrada da noite. Logo de início, sem mais preâmbulos, acende-se uma luz intensa que emite jatos sucessivos, ao longe, a NO. Fizemos alguns minutos de silêncio e, sendo todos espiritualistas, tecemos a seguir uma invocação ao Senhor Maitreya, grande hierarca da Fraternidade Branca, momento em que aquela luz se repete e intensifica. Então disse o sr. Adelino haver recebido, telepaticamente, durante aqueles instantes, quatro horários em que iríamos observar outros sinais objetivos e luminosos: 21:22h., 21:50h., 22:10h. e 23:22h.

Ora, por estranho que possa parecer, e extraordinário, essas percepções telepáticas se confirmaram de forma precisa e impressionante, o que jamais antes houvéramos verificado. Daí por diante ocorreu assim: Depois de havermos descido à sede da fazenda, subimos, regressando àquele ponto, exatamente às 21:10h. e aguardamos, relógios ajustados. Não às 21:22h., mas com apenas alguns segundos de atraso, notável fenômeno ocorre: no espaço, acerca de 100 a 150 metros de distância horizontal e talvez a uns 200 metros de altura, surge, inesperadamente, um objeto luminoso, sem uma trajetória prévia visível, e daí partem jatos de luz sucessivos como faróis que parecem nos ser dirigidos. *Confirmou-se assim a informação telepática, com alguns segundos de atraso!...*

Aguardamos o segundo momento – 21:50h. Exatamente nessa hora, acende-se uma luz a oeste, à nossa esquerda, pouco além do pequeno bosque ali existente, luz amarelo-claro discretamente esverdeada, com belo aspecto e de forte intensidade, piscando em correspondência com sinais emitidos de nossa parte. Caiu, então, pesadíssima chuva, impossibilitando qualquer observação e que nos levou a recolher-nos à viatura. Assim, chegamos às 22:10h., sem nada podermos observar, tal a intensidade da chuva. Todavia, a essa hora, notamos que certa luminosidade surgia do lado da residência da fazenda e soubemos, após, que naquele momento, objeto luminoso de lá foi perfeitamente visto, motivo pelo qual, o sr. Rômulo de Araújo, cunhado do proprietário, acionara dali a lanterna. Ademais, segundo o seu depoimento, o objeto se postara para o lado em que estávamos, mas do lado oposto de certa elevação, dificultando-nos a vista, dada a pesada chuva que caía.

Afinal, quanto ao último instante indicado – 23:22h. – ocorreu um retardo de 8 minutos. Nesse caso, porém, o grupo se desfizera antes, devido à chegada do sr. Wilson, proprietário da fazenda, que um dos nossos fora buscar na residência. Logo refeito o grupo, precisamente às 23:30h., começaram objetivos fenômenos luminosos em vários pontos. Afinal, surge uma luz mais intensa a NE, deslocando-se ora para um, ora para outro lado, parecendo aproximar-se sensivelmente. Apagam-se todos os focos, inclusive esse que se aproximava. Esperamos um pouco mais e eis que apenas a uns 200 a 250 metros, para o lado da residência, que daquele ponto não é visível, e no alto, 30 a 50 metros presumíveis, acende-se intenso e belíssimo farol, iluminando bem a todos nós àquela distância. Assim encerrou-se a extraordinária observação daquela noite.

Comentário

Àquele tempo, não conhecíamos as notáveis qualidades de telepata do sr. Adelino da Rosa, hoje já muitas e muitas vezes comprovadas. Delas, tínhamos apenas notícia. Quando anunciou ele aqueles instantes, estimamos que seria uma oportunidade magnífica para testá-las. Pelo descrito, é fácil inferir o sucesso daquela noite. Perguntaríamos, ainda, porém: *telepatia* em relação àquelas inteligências operantes, ali manifestas no objeto luminoso que, às 21 horas e 22 minutos e alguns segundos, correspondeu ao antes percebido, que apresentaram a luz esverdeada das 21:50h. e os demais fenômenos luminosos daquela noite, no momento exato?! ou precognição apenas, e já seria muito (ambas as faculdades já aceitas pela parapsicologia), antecipação ao que iria acontecer naquele ambiente?!

No caso em foco, pressupor-se-ia, imperativamente, a existência daqueles *seres operantes*, se nós ficássemos na *telepatia*. No caso da precognição, não. Estaria de lado qualquer comunicação, com alguém. Seria apenas, o enunciado de um *evento*. Sua causa, suas razões, não estariam implícitas no exercício de faculdade precognitiva. Mas, e essas causas? Poderemos fugir a essa interrogação?

Em que posição ficaremos em nossos estudos? Temos subidas razões para optar pela *primeira* – a telepatia – como oportunamente veremos, quando viermos a comentar outros eventos, em que ficará documentada, com minúcia, toda a evolução das demonstrações ou observações da noite de 16 de fevereiro de 1969, como se diretamente alguém, que estivesse credenciado, as anunciasse positivamente e as *cumprisse* nos termos em que anunciou...

Relatório nº 9 – Um encontro com interplanetário? Ou terráqueo de outra linha evolutiva?...

Fazenda Vale do Rio do Ouro, 31 de janeiro de 1969

Presentes:
Sr. Wilson Plácido Gusmão
Dr. Ivanir Vianna, do IBRA
Dr. Oswaldo França, do TRE
Sr. Luiz de Albuquerque, (fotógrafo) assessor de relações públicas do Ministério do Interior
Sr. Galdino Luz de Lima (fiscal de rendas – comerciante)
Sr. Hamilton Souza e Silva (DFSP)
Maj. Jacob Zweiter (da Aeronáutica)
Gen. Alfredo Moacyr Uchôa (do Exército).

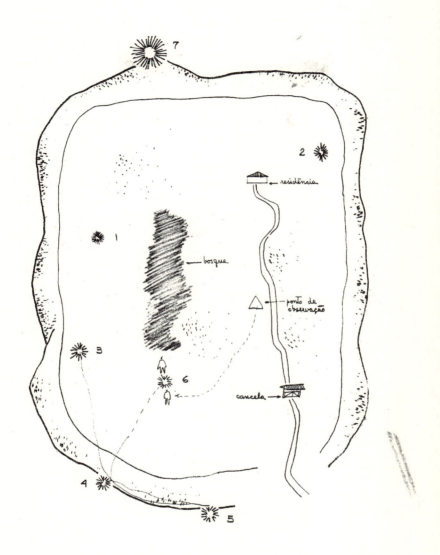

Fig. 3 – Sequência cronológica e topográfica dos fenômenos luminosos observados a 31 de janeiro de 1969 (relatório n.° 9). Em C, no extremo do pequeno bosque, foi fotografado o ser (foto 8).

A Parapsicologia e os Discos Voadores 131

Acham-se todos na área triangular de observação, às 22 horas. Acende-se luz forte em *7*, (fig. 3) que pisca expressivamente correspondendo aos sinais do sr. Wilson. Desaparece e surge, então, outra, (ou a mesma?) a NE, em *2*, com as mesmas características. A seguir, surge, forte, em *3*. Nesses pontos indicados, sempre permanecia por alguns minutos, atentamente observados por todos nós. Dispúnhamos de uma máquina com teleobjetiva e um possante binóculo. A partir da colocação em *3*, ao binóculo, a coisa nos parecia como um vulto às voltas com a luz, com ele fazendo sistema. Essa luz se apresentava, ao binóculo, forte, como para a parte inferior daquele vulto. Nessas condições, desaparece em *3* e surge, agora, em *4* no horizonte pouco mais distante (distância possível de 400 a 500 (?) metros) – De *4* para *5* e depois ao voltar para a posição *4*, mostra-se no espaço, acima do horizonte, podendo ser muito bem distinguida, a olho nu, deslocando-se continuamente. Ao binóculo, era de extrema clareza, dando a ver o vulto. Desce em seguida daquela altura, a partir de *4*, na direção indicada para colocar-se em *6*, no extremo do pequeno bosque, a no máximo 120 a 150 metros. Nesse percurso, a partir de *4*, diminui de intensidade, ao descer a encosta mais distante, até tornar-se invisível, mesmo ao binóculo, mudando de tom, passando a vermelho. Reacende-se, com bastante intensidade no ponto *6*, mais próximo. O sr. Wilson exclama estar percebendo o chamado, a que antes se habituara, e dirige-se para esse ponto, ao encontro da tal luz. Antes, apanhara, entre nós, caneta e papel que, informou depois, não chegou a usar.

Todos o incentivamos e ficamos a observar. Faz ele o percurso indicado, com pequena volta para a esquerda. Com o binóculo, então, observa-se um objeto um tanto claro do qual o sr. Wilson se aproxima até bem próximo (?). Ao regressar, diz haver visto um ser com aspecto humano de estatura mediana, aparentando não ter cabelo (possivelmente, haveria uma cobertura), de lábios finos e boca abatida, dando a impressão de falta de dentes, olhos grandes e de expressão extraordinariamente forte, como a transmitir-lhe uma mensagem. Quis escrever, mas foi-lhe indicado que deixasse para depois, que ele não esqueceria. Ao aproximar-se, disse ter observado que se tratava de um veículo "em forma de barco fino, fundo, um tanto alongado, com a frente mais levantada e que não estava pousado no solo, ficando a cerca de um metro de altura". Apresentava uma tubulação no centro, cujas minúcias não pôde bem perceber, mesmo porque estava a receber a tal mensagem que escreveria depois. Isso o deixava em estado de consciência um tanto diferente. O ser aparentava ter 1,60 a 1,70 m. de altura, esguio para os membros inferiores e de tórax bastante amplo. Recebeu-o com uma ligeira saudação com a mão direita, elevando discretamente o antebraço e conservando a seguir o braço caído, cotovelo colado ao corpo. Nós outros vimos, de binóculo, o objeto e o vulto de pé, confirmando, em grandes linhas, dada a distância, as afirmações do sr. Wilson, que de lá voltara emocionado, depois de uns 10 a 15 minutos.

Antes do retomo do nosso companheiro, no final do encontro, todos vimos eclodir, a partir daquele ser, uma luz azul irradiante que, segundo o sr. Wilson, no momento ainda junto ao ser, surgiu no instante em que este pressionou uma espécie de tecla, parte integrante do muito largo fecho do cinto, que, por sua vez, apresentava como parte integrante da vestimenta. Logo após essa luz azul, nesse final de encontro, acendeu-se, em correspondência, um foco grande de luz dourada, emitindo jatos que nos iluminavam àquela distância (dois a três km), partindo do ponto 7. Objeto e ser desapareceram a seguir, rapidamente.

Comentário

Tínhamos assistido, realmente, a algo extraordinário, inacreditável mesmo. Alguma coisa que *requer coragem* para afirmar, em face do ceticismo vigente e, pior que isso, dos preconceitos científicos enquistados, paradoxalmente, de todos os tempos, nas estruturas da pesquisa universitária ou particular.

Éramos oito. Um destes, o sr. Galdino, sentiu-se mal e se afastou para o interior de um dos veículos. Outro, o sr. Wilson, foi ao encontro. Os demais seis restantes observávamos atentamente tudo, conforme o descrito, e as fotos 4, 5 e 6, confirmam o fato. Tiradas de 140 a 160 metros, e até muito mais, quando

A Parapsicologia e os Discos Voadores

do traço luminoso sobre a colina, não foi certamente possível maior nitidez, apesar da técnica adotada e do excelente material empregado pelo sr. Luiz Albuquerque, fotógrafo altamente especializado, assessor de publicidade do Ministério do Interior. Tanto quanto possa haver validade em testemunho desta ordem, parece-nos ele expressivo, credenciado o que fica referido, tendo em conta a representatividade e consequente responsabilidade moral dos que presenciaram tão extraordinário evento:

- Um juiz do Tribunal Regional Eleitoral
- Um major da Aeronáutica
- Um membro do DASP
- Um alto funcionário – advogado da assessoria jurídica do IBRA
- Um assessor (fotógrafo) do Ministério do Interior
- Um fiscal de rendas

E, afinal, eu próprio, general reformado, ex-professor catedrático do magistério militar.

Que explicação dar para tal acontecimento? No estado atual de nossos conhecimentos, como fazê-lo? Por agora, caberá ao leitor conjecturar. Mais adiante, indicando, honestamente, ainda faltarem elementos para uma posição definitiva. Ser-nos--ão oferecidas a curto, a médio ou longo prazo? Dentro em pouco? Quando? Por isso, continuamos nossa pesquisa da forma por que mais adiante, em outros relatórios, iremos minuciando.

Relatório nº 10 (fig. 4, p. 138) – Uma demonstração de fogo e luz – Uma noite extraordinária

Fazenda Vale do Rio do Ouro, 8 de fevereiro de 1969

Precisamente às 21 horas reunimo-nos no local de observação já tantas vezes mencionado. Éramos sete:
Alfredo Moacyr Uchôa
Sr. Wilson Plácido de Gusmão
Dr. Oswaldo França

Dr. Ivanir Vianna
Sr. Roberto Beck, funcionário da Caixa Econômica
Sr. Luiz Albuquerque
Sr. José Roque, escriturário do GDF.

Logo após reunirmo-nos no local de costume, a oeste, um pouco além do pequeno bosque existente, surge um foco de luz bem avermelhada, sensivelmente diferente em coloração dos já costumeiramente observados. Isso presumivelmente a uns 200 metros de distância. Dispunha o grupo de dois bons binóculos e uma excelente máquina fotográfica com teleobjetiva. O tal foco avermelhado muda de posição, acendendo e apagando, surgindo ora à direita, ora à esquerda da posição inicial, até afinal firmar-se em ponto certo, de onde emite jatos intensos em nossa direção, com aquele vivo colorido avermelhado. Contrariamente ao que sempre se tinha observado, não responde à sinalização da lanterna e sem qualquer correspondência, quando dessas sinalizações. Súbito, dá-se impressionante fenômeno luminoso. A luz aumenta de intensidade e de quantidade, isto é, em volume aparente, como a transformar-se em labareda de fogo extraordinariamente vermelho e brilhante. Nessas condições, alteia-se rapidamente, em relação ao nível inicial em que se mantivera (talvez uns 10 a 20 metros, tal a impressão), emitindo centelhas ou raios para os lados e para cima. (Fig. 4)

Surpreendidos por essa rápida modificação, eis que observavamos tudo se acentuar, como se aquela massa ígnea começasse a girar, à forma de fogo de artifício, emitindo fagulhas para os lados e para cima.

Seria como se alguns transformadores se achassem em curto-circuito, sem, porém, fazer ruído.

Cessa esse fenômeno e comenta-se o insólito da ocorrência, quando luz análoga ao foco inicial se acende bem à esquerda, a SO, bem longe da posição inicial (300 a 400 metros presumíveis). Tinha a mesma coloração estranha, acentuadamente vermelha. Ela progride encosta acima para SO e rapidamente (todo esse local ou região é absolutamente deserto), até atingir o alto da colina, sobre a qual faz apreciável percurso, flutuando. Isso a uns 300 a 400 metros do local de onde observávamos. Tudo bem observado por todos, a olho nu, e, melhor ainda, com os binóculos. Apaga-se então essa luz, para minutos após, a SE, na direção da cancela de acesso à fazenda, sobre a mesma colina, e do outro lado dessa cancela, acender-se agora uma outra amarelo-claro esverdeado, emitindo também jatos de luz intensa em nossa direção. A esse tempo, nos longes do horizonte, a NO, 1.500 a 2.000 metros presumíveis, acende-se, por várias vezes, uma luz de aparência bem maior, de lá partindo jatos de luz, como verdadeiros faróis, os quais pareciam atingir-nos apesar daquela distância. Escusado será dizer que, desses locais em que se situavam os focos luminosos (e particularmente esse mais distante), todos nós tínhamos e temos conhecimento pessoal, de vez que toda aquela área fora já várias vezes percorrida por nós, com o fito de nos situarmos com segurança nessas observações.

Em seguida, a luz que se achava perto da cancela, a SE, desloca-se, vindo postar-se à nossa esquerda, a SO (quando dizemos esquerda ou direita, supomo-nos voltados para o Norte), mantendo agora a nova coloração amarelo-claro esverdeado e correspondendo aos sinais emitidos por parte do grupo. Devo ainda relatar que, quando surgiu a luz vermelha a SO, logo depois do tal fogo de artifício, o sr. Wilson sentiu forte impacto mental, segundo ele próprio, caindo de costas, sendo felizmente amparado por mim e pelo dr. Oswaldo França, que dele estávamos acercados. Cessam então esses fenômenos luminosos em torno de 22:30h., quando chegam ao local mais algumas pessoas: dr. Jarbas Torres Dantas, sua esposa e filho; major Zweiter e esposa, sra. Violet Zweiter e o engenheiro Jayme Zweiter.

Reúnem-se os homens ao grupo primitivo, permanecendo as senhoras nos carros, juntamente com o menor, filho do dr. Jarbas. Assim se passa até mais de meia noite, mantendo-se ali apenas discreta conversação sobre vários assuntos, já sem qualquer esperança de algum outro fenômeno naquela noite. As 23 horas, retiram-se os srs. Robert Beck, José Roque e Luiz Albuquerque. Já bem mais tarde, aos 30 minutos do dia seguinte, a cerca de uns 300 metros a NE, acende-se inesperadamente luz intensa e bem clara, emitindo seguidamente jatos muitos belos. Reúnem-se então ao grupo as duas senhoras e o jovem, que haviam ficado nos veículos. Tratando-se da região em que se localiza a casa da fazenda do então proprietário, cel. Epitácio de Brito, comentava-se se não poderia ser qualquer farol de automóvel em manobra por ali (único local de toda aquela cercania em que se encontram residências visíveis do ponto de observação: uma casa principal de fazenda e duas outras pequenas, bem próximas).

De fato, nesse caso, só se valorizam aparições luminosas quando elas se deslocam ostensivamente sobre os campos e florestas circunjacentes, mostrando-se no espaço ou em locais conhecidos, sem quaisquer vias de acesso normal. Foi o que aconteceu. Rapidamente, aquela luz se deslocou para perto de onde estávamos, num percurso presumível de uns três a três quilômetros e meio, vindo postar-se inicialmente a uns 100 a 150 metros de nós. A seguir, desloca-se rápido até uma distância provável de 30 a 40 metros das viaturas, das quais estávamos a oito ou dez metros, sendo que, dentro de uma delas, se encontravam o dr. Oswaldo França e o dr. Ivanir Vianna. Desse local, bem próximo, pois, jatos de luz vermelho-violácea foram emitidos seguidamente em nossa direção. Todos esperamos que mais se aproximasse, de vez que de tão longe já viera para ali tão perto. De repente, à nossa direita, forma-se uma névoa densa a uns 20 metros de distância no máximo, num local mais livre de árvores, o que facilitava uma límpida observação. Alguns minutos e cessam os jatos de luz e a própria luz desaparece dessa posição tão próxima, bem assim desaparece a névoa adensada que observávamos. Logo após, todos vêem a NE (cerca de uns dois a três quilômetros), como por despedida, um enorme farol a emitir jatos de luz amarelo-dourado em nossa direção, iluminando todo o ambiente. Tudo cessou e nos retiramos precisamente à uma hora e trinta minutos daquela madrugada.

Tal a exuberância dos fatos dessa noite que nos apressamos a escrever este relatório, bastante minucioso e indicando as testemunhas, pessoas de responsabilidade que os atestam.

A Parapsicologia e os Discos Voadores

Fig. 4 – "A luz aumenta de intensidade... como a transformar-se em labareda de fogo extraordinariamente vermelho-brilhante, emitindo centelhas ou raios para os lados e para cima." (relatório nº 10).

Comentário

Dificilmente encontraríamos palavras para traduzir a nossa estupefação, face àquela estranha roda de fogo, labaredas disciplinadas naquela forma precisa!... E para completar o quadro as faíscas que se desprendiam para todos os lados! Só mesmo absoluta incapacidade decorrente de indiscutível ausência de formação científica poderia deixar de valorizar ao máximo tal demonstração de poder realizador ali implícito! Demais, cumpre ressaltar o que se constitui uma tônica de inegável valia, o caráter ostensivamente intencional daquela demonstração, conduzida de tal maneira que sensibilizou e até atemorizou a quase todos, para depois, conforme o relatório, resultar na euforia de paz e tranquilidade e segurança, quando, no final, se transforma aquele colorido agressivo em um amarelo claro, esverdeado de nuance suave, levando então o já provado telepata sr. Wilson Gusmão a um estado de paz e sensação de segurança.

Tudo se havia passado como se uma verdadeira demonstração e também um teste emocional houvessem sido planejados e executados. É que nos longes do horizonte, afinal, aquela luz maior incidindo sobre nós como que encerrava a fase daquelas observações e experiências que deveríamos ter naquela noite inesquecível.

Esse tom de intencionalidade, que somos levados a valorizar em tais pesquisas, continuou na segunda parte das observações daquela noite, quando se transformara o grupo e tudo, então, se passou como se recém-chegados merecessem aquelas novas demonstrações, já depois da meia-noite: luz que se desloca de muito longe a tão perto, emitindo *flash*, névoa que se improvisa adensada bem junto ao grupo, belo farol de luz dourada que inunda de luz o ambiente e atinge o grupo, sensibilizando aqueles que jamais haviam visto tais fenômenos. Tudo isso – como, como explicar?!...

Relatório n° 11 – Uma sintonia espiritual; iluminou-se o local exato

Fazenda Vale do Rio do Ouro, 12 de fevereiro de 1969

No ponto de observação, dominante em relação a toda aquela região, além de mim, encontravam-se:
Sr. Wilson Gusmão (proprietário);
Dr. Rolf Golden Pipper (secretário, então, do Governo do Distrito Federal);
Dr. B. Wehlú Toufic (engenheiro mecânico);
Sr. Epitácio Quintas (jornalista);
Major Jacob Zweiter (Aeronáutica);
Dr. Ivanir Vianna (do IBRA);
Sr. Luiz Albuquerque (do Ministério do Interior);
José Marques de Oliveira (estudante).

Éramos, pois, nove, postados na pequena área feita para o local de observação. Para o N fica a residência principal da fazenda. A oeste, em declive, fica um pequeno bosque a 120 metros de distância, *que tem de 50 a 70 metros de largura.* Para além desse pequeno bosque, um campo em colina de mui pouca declividade indo ter a outro bosque bem mais extenso que se estende ao longo de uma outra encosta bem mais distante. Tudo isso amplamente visível do ponto de observação. Nessas condições, vimos todos acender-se, a oeste, uma intensa luz vermelho-violácea, apreciada por todos a olho nu e muito bela, vista com forte binóculo. Toma ela posições diferentes, flutuando, até colocar-se a SO, um pouco mais distante (cerca de 300 a 400 metros aproximadamente). Para essa nova posição sobe a pequena colina à nossa esquerda, fixando-se a seguir. Mais poucos instantes e nos longes, a NE, provavelmente de um quilômetro e meio a dois, acende-se intensa luz amarelo dourada, como um farol a projetar jatos em nossa direção. Na posição ora mencionada, todos valorizamos sobremaneira o que estávamos observando, por conhecermos perfeitamente aquelas alturas e as sabermos inacessíveis a quaisquer veículos ou objetos capazes de produzir tal foco de luz. Pouco depois, a NE, à nossa direita, nova luz, agora bem mais clara, amarelo-esverdeada, se acende com intensidade muito variável. Ocorreu, então, fato parapsicológico muito interessante que achamos por bem assinalar, dando nova dimensão às observações naquela noite. Ei-lo: O engenheiro Toufic, que possui faculdades parapsicológicas, colocou-se em transe de hipersensibuidade, dizendo várias coisas com relação àqueles fenômenos, atrás dos quais, não há dúvida, se sente haver inteligência e vontade operando, sem podermos saber de que qualidade ou natureza. Começou a falar como alguém que tivesse acesso àqueles operadores. E para demonstrar o que falava, disse categoricamente:

> Por exemplo, há muito, vocês sabem, não se acende luz alguma naquele ponto", indicando a maior elevação à frente, onde, realmente, havia muito, nada se via, e no que concordamos todos nós que acompanhamos essas pesquisas – "Pois bem, agora vocês verão que não se acenderá mais naquele local" (e apontou para onde estivamos observando a luz pouco antes), "e sim naquele outro" (exatamente a tal elevação maior, onde há muito nenhuma luz se observava). Realmente isso ocorreu logo a seguir, com exatidão desconcertante, surgindo no ponto indicado um farol intenso, belo na noite escura que fazia. Assim se encerrou a observação daquela noite.

Comentário

Naquela noite, além das ocorrências físicas que tanto impressionaram, para nós representou um excepcional relevo o fenômeno parapsicológico: aquela impressionante precisão no cumprimento do anunciado; *acender-se uma luz,* no local indicado, de bastante destaque como o ponto mais alto, à nossa frente. Ainda mais, afirmou o sr. Toufic, durante o transe, havia muito ali não aparecia luz (era a primeira vez que no local se encontrava), mas que lá iria acender-se no momento!... Transmissão telepática, precognição? Telepatia entre *seres humanos*, que não se harmonizaria com o ocorrido? *Entre um ser humano e um operador atuante não humano*? Essa última hipótese, o fato impõe e é corroborada, aliás, por muitos outros dessa natureza, que apontaremos em outros relatórios. Como adotar outra posição? Negar o fato, tergiversar? Será isso compatível com a dignidade e honestidade de quem pesquisa a verdade sem cor e sem sectarismo? Claro que não!

Relatório nº 12 – Uma noite de carnaval diferente... Luzes e luzes

Domingo de carnaval, 1969. Contei 14 pessoas na área triangular de observação. Anotei, porém, apenas:

Eu, Alfredo Moacyr Uchôa
Sr. Wilson Gusmão
Major Jacob Zweiter e esposa
Dr. Jarbas Torres Dantas e esposa
Dr. Ivanir Vianna
Sr. Adelino da Rosa
Sr. José Marques de Araújo
Dr. Firmino Vilela.

Nesse relatório, indico esses que assistiram aos fenômenos luminosos que se passaram, de vez que todos observaram, nessa noite, uma volta, pode-se dizer, completa do horizonte, pois acendeu-se luz sucessivamente em muitos diferentes pontos ao nosso redor, ora aqui, ora acolá, ora bem próximo, ora mais distante. Ora apagava-se num ponto para surgir mais adiante, ora flutuava, ou melhor, deixava visível sua trajetória luminosa. Não insistirei em minúcias dessas evoluções. Desejo apenas ressaltar sobremaneira o fato, esse do conhecimento preciso apenas de três dos assistentes: eu próprio, o dr. Ivanir Vianna e o sr. Adelino da Rosa, que deu – não há como duvidar – um sentido e um valor novos a toda aquela fenomenologia, por confirmar objetivamente outras observações do sr. Wilson e do sr. Adelino da Rosa. O fato naquela noite passou-se assim:

Chegamos às 19 horas à área triangular de observação, eu e o dr. Firmino Vilela. Logo após, a pé, vêm ao nosso encontro o sr. Adelino e o dr. Ivanir. Como regra, havíamos que descer para a residência do proprietário, para daí então, na hora habitual, subirmos. Isso quase sempre depois das 20 horas. Disse-me, porém, o sr. Adelino:

– General, não desça, que vamos ter qualquer coisa

aqui. Disse-lhe que iria descer, pois teria que apresentar o meu amigo dr. Vilela, mas que, certamente, voltaria logo. Assim se deu, facilitada a volta por meu amigo haver encontrado pessoas conhecidas, com as quais lá se pôs à vontade. Ao regressar, estava em curso um verdadeiro transe telepático do sr. Adelino, em que um "suposto" ser envolvido com aqueles fenômenos dizia precisamente que poderíamos ter com ele ou eles um contato naquela noite, próximo à cancela que daí fica a uns 250 metros, para trás e um pouco para cima ao sul. No tal transe telepático, o sr. Adelino disse textualmente:

> Hoje, vocês poderão ter contato conosco. Logo que começarmos, mais tarde, principiaremos por ali (apontou o local exato, na extremidade do pequeno bosque a NO e abaixo), subiremos aquela colina (e apontou a encosta e a colina a SO), fazendo sinais. Depois, nos deslocaremos para o lado da cancela (ao sul aproximadamente). De lá, faremos três sinais característicos (três piscadas). Então, vocês três deverão dirigir-se para lá.

Ora, aconteceu tudo segundo o previsto anunciado. Formou-se ou surgiu a luz um tanto rosa-violácea no ponto indicado, emitindo jatos de luz intensa. A seguir, foi subindo, aos olhos de todos, a encosta indicada, parando de quando em vez, quando emitia jatos de luz, até postar-se em um ponto ligeiramente acima do horizonte da colina e, daí, emitir um farol daquela cor. Isso fez em vários pontos sobre a colina a uns 300 a 400 metros do ponto em que nos encontrávamos. De cada ponto em que parava, emitia jatos de uma bela luz um tanto vermelho-violácea. Aproximou-se, progressivamente, da cancela, conforme fora predito duas horas antes, o que confere ao fenômeno, não há como negar, significado bem maior, pois deixa claro o cumprimento, como de um compromisso, de uma promessa. Completando, então, a previsão, nós, os três para o encontro, vimos, afinal, os sinais prometidos – três piscadelas – de onde se encontrava o objeto ou a luz, bem junto à cancela.

Relutamos um pouco em abandonar a área triangular, por sabermos não ser do agrado do nosso amigo sr. Wilson, que tinha grande receio de que qualquer um de nós, dali se afastando,

A Parapsicologia e os Discos Voadores

viesse a sofrer qualquer acidente, face ao insólito e desconhecido que tudo aquilo encerrava. Nessas condições, recebemos novos sinais, uma repetição dos já dados e antes convencionados. Aí, então, nos dispusemos, afinal, a ir ao encontro daquilo, luz apenas, objeto apenas ou um ser qualquer em veículo desconhecido. Mas, ao afastar-nos, particularmente o dr. Ivanir e o sr. Adelino, que iam juntos e pouco mais à frente, foram nervosamente chamados pelo sr. Wilson, de vez que esse os percebera à distância, ao acionar sua lanterna na direção da estrada que conduz à tal cancela. Até hoje, lastimamos aquela oportunidade perdida em atenção ao nosso amigo que não se conformara com aquela iniciativa de abandonarmos a área de observação naquelas condições. Daí para frente, luzes acenderam-se em várias partes, notadamente uma muito forte nos longes das elevações a NO, donde habitualmente costumavam ser mais intensas.

Encerrou-se então, para nós, a extraordinária fenomenologia luminosa daquela noite.

Comentário

Até aquele momento, essa noite de 16 de fevereiro se constituiu numa das mais ricas de ocorrências. Pondo de lado a excepcional demonstração luminosa em que todo o contorno do horizonte é percorrido, recebendo o grupo, naquele ponto de observação, *flash* de luz rosa-violácea de muitos e muitos pontos daquele percurso, o que ressalta excepcionalmente, acentuamos, é o fato parapsicológico aí patente, claro, manifesto: com quase duas horas de antecedência, conhecermos o percurso inicial a ser feito, com impressionante precisão de horário e deslocamentos. Isso nos foi comunicado por alguém – a subconsciência ou outra personalidade do sensitivo Adelino da Rosa ou que inteligência e consciência e poder ali operantes (?) – e se realizou com precisão?!...

E as circunstâncias em que deixamos de levar às últimas consequências o cumprimento daquela palavra que ouvimos e nos prometia contato na cancela a 300 metros daquele ponto de observação?!... Tudo se realizou dessa palavra, menos o que mais desejávamos: o possível encontro na cancela com aquela "coisa", aquela luz ou o que fosse!...

Mas de quem a culpa, a falha... Não há a quem ou o que acusar...

Não tivemos condições no ambiente para irmos até lá. Seria falta de consideração demasiada ao prezado amigo que ali nos recebia e tratava com tal cordialidade!...

Relatório nº 13 – Um grande acontecimento: aproximação de 10 a 15m de uma luz azulada muito bela

Fazenda Vale do Rio do Ouro, 22 de maio de 1969

Aconteceu nessa noite algo de inesperado. É que, desde muito, isto é, desde domingo de carnaval (16-2-69), nenhum fenômeno praticamente viera ocorrendo na fazenda. Apenas sinais esporádicos sem maior expressão, segundo todos os testemunhos de seus moradores e daqueles, inclusive nós, que a visitávamos costumeiramente. Na data deste relato, houve, lá, festa de aniversário da filhinha do proprietário e, lá, muitos se encontraram durante todo o dia. Comparecemos pelo mesmo motivo. Depois da retirada de quase todos, às 21 horas, despedimo-nos e nos fizemos de volta. Resolvemos, apesar de sem esperança objetiva, parar no ponto clássico, já tantas vezes referido, para observar um pouco, aquele ambiente tranquilo, silencioso e deserto de noite bem escura. Éramos quatro e logo a seguir outros quatro a nós se juntaram. Estavam ali quatro casais:

– dr. Otacílio Camará Martins e sra. Marília da Cunha Martins;

– sr. Roberto Beck e sra. Jerônima Beck;

– sr. Paulo Mariano de Barros e Vasconcelos e sra. Dulce Raposo de Vasconcelos;

– Eu e minha esposa Enita de Miranda Uchôa.

O dr. Camará é médico do Hospital Distrital de Brasília e da Legião Brasileira de Assistência; o sr. Roberto Beck, funcionário da Caixa Econômica Federal; o sr. Paulo Mariano de Barros e Vasconcelos, funcionário do Banco do Brasil e a sua esposa, Dulce Raposo de Vasconcelos, professora da Prefeitura do Distrito Federal.

Ali nos postamos sem qualquer resultado, sem nada perceber além daquelas imediações altas já bem descritas em outros relatos, desta feita em plena escuridão. Assim ficamos sem qualquer estímulo durante muitos minutos. Então ocorreu exatamente o que passamos a relatar com minúcia, sem nada omitir, inclusive o início místico dos acontecimentos que cobriram os 30 a 40 minutos seguintes.

Lembramo-nos de algumas oportunidades naquele mesmo local, e do que já observáramos, e convidamos os presentes para fazermos silêncio e mentalizar a Grande Hierarquia da Fraternidade Branca. Assim ficamos durante alguns minutos sem nada acontecer. Apenas silêncio e escuridão circundante. Foi então que dissemos a todos ali reunidos:

– Vamos fazer uma invocação à Fraternidade, ao seu supremo hierarca – o Senhor Cristo Maytreya – mas em voz alta e todos devem acompanhar mentalmente. Assim o fizemos. Aconteceu, então, que, ao pronunciarmos esse nome, de olhos cerrados, já uma excitação natural perpassava por todos e um já exclamava:

– Olhem ali!...

Ao terminarmos a breve invocação em termos simples, de procura de harmonização mental entre todos os presentes, lá se encontrava a uns 70 ou 80 metros, presumíveis, perto de nós, na encosta de acesso ao local onde nos achávamos, um intenso foco de luz branca ligeiramente azulada, emitindo jatos dessa luz em nossa direção. Acionando nossa lanterna, mediante convenções que fazíamos, comunicamo-nos de certa maneira, conseguindo facilmente concluir podermos descer e ir até aquele foco luminoso ou objeto que ali se encontrava. Assim o fizemos e nos aproximamos tanto, que de cima, foi notado que a luz se afastara um pouco à nossa talvez demasiada aproximação. Percebemos também o fato quando já nos encontrávamos realmente muito perto, de 10 a 15 metros, talvez. Paramos então e notamos que o tal objeto, ou luz que seja, se aproximava um pouco mais, o que foi também observado pelos que ficaram acima no ponto já assinalado de observação. Reajustadas as posições, ficamos a uns dez metros daquela bela luz, de um aspecto muito especial, sem aquele jato concentrado de lanterna, jato um tanto difuso, suave, mas abrangente e irradiante. Ali postados, mentalmente e com sinais convencionados, procuramos dizer do nosso desejo de aproximação maior e contato, mas em estado normal de plena atividade consciente e de iniciativa para responder e também fazer perguntas, se fosse o caso, não nos interessando ficar como já sabíamos que ocorrera com outra pessoa do grupo, o sr. Wilson, proprietário da fazenda, que dizia sempre chegar junto a esses presumíveis seres um tanto hipnotizado, sem muita condição de iniciativa. Respondeu-nos, por jatos ou piscadas de luz, que poderíamos ter contato assim e que aguardássemos, o que continuamos a fazer pacientemente, de vez em quando procurando como revalidar a resposta dada.

De cima, o grupo acompanhava os nossos "supostos" entendimentos com jatos de luz. De repente, um som estranho perpassa ao nosso redor, como um inesperado ruído de folhagens que viesse em um crescendo indefinível. Isso sem qualquer vento no ambiente. Suspeitamos haver sido um teste para nossa emotividade. Fizemos notar por emissão mental nossa tranquilidade emocional e insistimos no contato, ainda agora com resposta positiva. A seguir, ainda em tranquila insistência, forma-se subitamente, bem perto de nós, 3 a 4 metros, uma nebulosidade estranha, bastante densa, cuja origem, razão de ser, ou melhor, explicação normal, para nós, ainda é interrogação. Ali ficamos alguns instantes. A luz intensa à nossa frente, a névoa à nossa direita. Afinal, tivemos a forte impressão de havermos entrado em sintonia mental com alguém que nos dissesse: "Você está bem, mas tenha paciência. Aguarde outra oportunidade". Por convenção de sinais, pedimos confirmação. Foi-nos dada. Despedimo-nos e subimos. De lá, ainda nos entendemos com sinais luminosos de ambos os lados. A seguir, todos nos despedimos. Tínhamos tido uma maravilhosa surpresa naquela noite, depois de tanto tempo sem nenhuma ocorrência dessa natureza, naquelas paragens!

Comentário

Para nós, pessoalmente, foi essa uma das melhores e intensas experiências vividas naquele ambiente, coisa talvez raríssima, no campo dessas observações: eclodir tal luz em ambiente daquele, de morros e encostas próximas, desabitadas e inacessíveis a quaisquer veículos, nas condições descritas e exatamente no momento de pronunciar o nome do Senhor Cristo Maytreya! Luz, àquela distância e permitindo, ou melhor, oferecendo um verdadeiro diálogo por sinais adequados, tudo isso, assim plenamente testemunhado por sete pessoas idôneas: haverá ocorrido muitas vezes em qualquer parte?

Dado o extraordinário supranormal que se impõe, com essas conotações de altura espiritual, deveríamos nós divulgar, escrever, comentar? Estaríamos procurando fazer auto-promoção, insinuando prestígio ou poder, face às Hierarquias Superiores?!...

Por outro lado, deveríamos propagar, divulgar, difundir, face a possíveis e bem naturais posições opostas, isto é, de que seríamos apenas exemplo de *vaidade egoísta*, querendo capitalizar admiração e projeção nesse campo, à causa de fantasia mirabolante ou demonstração de verdadeira debilidade mental? Ou então, vigência de hipnose individual e coletiva, posta a serviço de uma mística extremada?

Em qualquer desses casos, algo desabonador que deveria ser evitado...

Pesando tudo isso, resolvemos optar pelo que ora fazemos, quaisquer que sejam os juízos levantados.

Estamos prontos a qualquer exame ou debate desse assunto em qualquer ambiente, com o *pensamento*, o *coração* e as nossas energias de toda ordem, sempre conduzidos pelo ideal de servir. Não nos compete julgar os nossos próprios procedimentos. Compete-nos agir, segundo aquele dever moral de "dar e dar de graça, o que de graça se recebe". Essa, a felicidade... O mais virá por acréscimo!

Ainda a propósito desse caso, devemos acrescentar que após 15 dias, tivemos a tal outra oportunidade que deveríamos aguardar... Um grupo de pessoas – dr. Ary Marcos da Silva e sra., Enita de Miranda Uchôa, dr. Ivanir Vianna, dr. Wilson Gusmão – no posto de observação, na área triangular para isso preparada. Hora previamente marcada: 21:05h. Eu, o sr. Adelino da Rosa e o sr. Antônio Ribeiro desbordamos o bosque mais próximo e nos dirigimos à borda do outro mais distante, talvez 60 a 70 metros de distância. Exatamente à hora marcada, 21 hs. e 5 minutos, aparece uma bela luz azul nas imediações do bosque, a uns 20 a 30 metros de distância, do ponto em que, nós, os três, estávamos. Ficamos eufóricos, felizes, em face do cumprimento do horário. Aguardávamos a evolução dos acontecimentos, quando vimos o sr. Antônio Ribeiro sentar-se naquele capinzal alto e sujeito a perigosas cobras. Logo a seguir, deita-se ele e põe as mãos sobre os olhos. Atentos à evolução, próximo a nós, daquela luz azul, que mudava de posição continuamente, ora aproximando-se, ora afastando-se, subestimamos o que estava ocorrendo com aquele companheiro. Afinal, sentimos que a aproximação da luz não progredia, que algo estaria falhando e, de fato, 10 a 15 minutos depois, um *flash* maior, de cor dourada, se acende acima do bosque, como uma despedida e nada mais ocorre. O nosso companheiro havia se sentido demasiado mal: pressão sobre o plexo, fraqueza geral, impossibilitando-lhe, até de ficar sentado!... Chegou a dizer que teve a impressão de que morreria se aquela coisa viesse ao nosso encontro. Que teria realmente acontecido? Que tipo de sensibilidade essa? E que irradiação possível aquela? Por que os dois outros, nós e o senhor Adelino nada sentimos? Antes, apelamos para que houvesse um contato ou uma aproximação maior. É de se acrescentar que o sr. Antônio Ribeiro já tinha experiências daqueles fenômenos, julgava-se familiarizado com eles, motivo pelo qual fora conosco...

Os acontecimentos de 22/05/69 em foco e o que acabamos de expor, completando-o, constituem algo muito digno de ser pensado e pesado no seu significado físico, ou tecno-científico, e nas suas conotações apontando para *um propósito qualquer*, que ainda nos escapa, mas que, pelas circunstâncias, parece insinuar, sugerir conteúdo de inegável valor espiritual. Haja vista a sintonia com o nome do supremo hierarca da Grande Fraternidade Branca do Himalaia e, também, os cuidados de proteção ao *amigo*, face a um desequilíbrio orgânico, emocional e psíquico, de que fora acometido, cuja verdadeira causa nos escapa. Não nos é possível, porém, atribuí-la a excessivo temor, desde que já era esse companheiro bem familiarizado

A Parapsicologia e os Discos Voadores

com aqueles fenômenos.

Relatório nº 14 – Cumpriu-se a promessa: uma demonstração na estrada – Luz e objeto

Fazenda Vale Rio do Ouro, 6 de maio de 1970

Às 20:30h. achávamo-nos no ponto de observação: eu, Alfredo Moacyr Uchôa, minha esposa, Enita de Miranda Uchôa e a jovem senhora Greici Bettamio Guimarães.

Alguns momentos de silêncio, eis que surge no horizonte distante, no alto, uma luz que emite jatos como um farol, iluminando aquelas encostas distantes. Mais alguns instantes surge à esquerda à oeste, além do pequeno bosque próximo e abaixo, outra luz menor que faz alguns movimentos.

Súbito, tenho a nítida impressão de indiscutível informação telepática: "Vocês nada mais terão aqui, hoje, mas vamos dar uma demonstração objetiva na estrada".

Mentalizei, então, não acreditar no cumprimento daquela estranha promessa, de vez que havia mais de dois anos que rodava naquela estrada e nunca vira qualquer sinal luminoso ou não.

Tive a impressão de uma réplica categórica.

"Já disse, vamos dar uma demonstração na estrada".

Passado aquele estado de certa concentração mental, narro às duas senhoras presentes o que *teria havido*, já agora, racionalizando e acrescentando não acreditar naquela real ou suposta promessa. É que poderia ter sido uma banal auto-sugestão, de vez que sempre racionalizo aquilo que comigo se passa no campo extrassensorial, perceptivo ou intuitivo.

Devo observar que a sra. Greici Guimarães, que se encontrava ao meu lado, antes que eu algo falasse, me interroga sobre o que teria acontecido, de vez que se sentira tão mal: pressão sobre o plexo, falta de ar, sentimento de fraqueza nas pernas. Aí, então, digo o que se passara, observando-lhe que já assistira a outros casos em que esses sintomas se manifestaram e que se acalmasse.

De regresso, porém, e a cerca de doze kilômetros de Alexânia, súbito, três *flashes* luminosos consecutivos e rápidos incidem sobre nosso carro, partindo da direita e um pouco à frente, de uma altura de 10 a 15 metros presumíveis e a uns 15 a 20 metros para o lado direito. Surpresos todos, paro o carro e desligo os faróis. O ambiente era de noite escura e úmida. Sobrevém, então, novamente algo como um impacto telepático, em que me dizem:

"Continue, continue... eu disse na estrada, caminhando, continue..."

Digo, então, às senhoras: "Recebi nova informação... Não é para ficar parado..."

Continuamos. Logo depois, a uns 400 a 500 metros, à frente, numa grande reta, distinguimos um objeto, para mim, um automóvel, tal se afigurava. Tanto assim, que quando a sra. Greici Guimarães me pergunta: "Que é aquilo, general?", respondo:

"É claro, que dúvida? É um automóvel!"

Ela e minha esposa passaram a despertar minha atenção para algumas sensíveis diferenças, para as quais, aliás, com o meu hábito natural de racionalizar, procurei achar explicação: uma luminosidade lateral acentuada e uma única luz de tom vermelho-rosa, diferente da cor habitual das lanternas de automóvel; essa luz achava-se mais para o centro da traseira do objeto e mais alto do que seu normal para um veículo comum; apagava-se às vezes, totalmente, para, em seguida, piscar com uma irradiação própria, nada semelhante à luz de lanterna de automóvel.

Atento à direção do carro em que viajávamos, naquela estrada de terra, relutava em me ater a observar melhor, tal a nossa velocidade, isso apesar de ter eu próprio recebido os dois avisos telepáticos. Imediatamente após, toda dúvida viria a desfazer-se, peremptória e completamente, pelo que a seguir se passou: a forma insólita, brusca, com que aquela "coisa" desapareceu, ante a nossa vista atônita. Assim aconteceu:

Em uma reta longa, já próximo de Alexânia, depois de observá-lo à nossa frente, por uns cinco a dez minutos, aquele objeto se deixa aproximar, diminuindo sensivelmente a velocidade; à medida, então, que se situava mais próximo, íamos observando os estranhos detalhes daquela coisa, com aquela luz ou luzes atípicas, até que, ao chegar sob a claridade do farol do nosso carro, todos o observamos: *sem roda!* Tomados do mais vivo interesse, observamos bem e comentamos este fato, quando, então, para forçar um contato, mais e mais, aceleramos

A Parapsicologia e os Discos Voadores

o nosso veículo.

Acontece, porém, que, quando já bem próximo, na límpida claridade do nosso farol, talvez a uns 40 a 60 metros, uma névoa (no primeiro momento, pensamos seria poeira) subitamente envolve aquele objeto, velando-lhe a forma, e, aos poucos também a luz que, já menos intensa, piscava ainda, diminuindo de brilho.

Logo após, já mesmo bem próximo, tudo desaparece: objeto, névoa e luz, restando o ambiente límpido de uma estrada vazia, na qual desaparecera qualquer indício daquela "coisa"...

Comentário

Este caso, a não ser por estranhíssima tríplice alucinação, em plena vigília de uma viagem de automóvel, todos atentos à realidade ambiente de uma estrada de terra não tão bem conservada, é matéria para muito pensar e interrogar. Foi tudo demasiado objetivo! Explicar o inexplicável?... Isso nos termos técnico-científicos atuais? Como fazê-lo? Absurdo? Seja. Mas verdadeiro. Daí, novamente aquela magna interrogação que paira sobre essas observações, sobre esse estranho enigma ainda não decifrado e que se oferece em desafio a todos nós, ignorantes ou sábios, humildes ou pretenciosos de um saber que pretende já ser amplo, mas que parece ser ainda tão pequeno face a uma realidade só agora pressentida ou melhor imposta pelos fenômenos parapsicológicos e pelos discos voadores.

Que teoria poderia explicar tão estranho caso? Mais fácil, apesar de absurda, é o apelo à hipnose coletiva (no caso três pessoas pretendidamente normais). Mas quem fizer hipótese dessa e for dormir tranquilo, embalado na presunção de um fátuo conhecimento, sem se dar conta de que apenas estamos no limiar de uma nova era, em que a natureza começa a revelar-se para além do véu que tolda a vista humana, estará cometendo crime de *lesa – bom senso*...

Relatório nº 15 (fig. 5 e foto 9) – Luz condensada, materializada?!... Como descrever o indescritível?!...

Fazenda Vale do Rio do Ouro, 29 de julho de 1970

Dirigimo-nos à fazenda: eu, minha esposa Enita de Miranda Uchôa, o então capitão, hoje major Murilo Bettamio Guimarães e sua esposa Greici D'Ávila Melo Bettamio Guimarães. Lá o tempo se achava bom, límpido, o céu estrelado. Passado algum tempo, eis que surge uma luz verde bem claro, a oeste, e a piscar continuadamente. Muda de posição, deslocando-se sensivelmente para a esquerda. Depois faz algumas evoluções naquela região, enquanto nas alturas mais distantes um farol se acende, iluminando as encostas daquelas elevações.

Mais alguns minutos e todos vimos uma luz acender-se bem mais à nossa esquerda, a Sudoeste, como sobre as árvores do bosque mais distante. Outra igual acende-se ao lado, outra terceira em sucessão, como se pertencessem a um conjunto apenas. Imediatamente aquele conjunto se mostra como um objeto circular de aspecto de névoa bem densa e definida, cinzento claro, que passa a irradiar uma luminescência própria para um lado e para outro sobre aquele bosque. Súbito, daquele objeto, são emitidos jatos de luz dourada em direção vertical, luz adensada parecendo bi ou tridimensional, de vez que surgia dando a impressão como de um poste quadrangular revestido de folha de ouro (tal a maravilhosa impressão), rigorosamente delimitada aquela luz em altura e pelas arestas laterais. Mas havia muito mais: a esse jato de luz dourada, assim concentrado, ligava-se em cada emissão uma estrela de cinco pontas, também de luz dourada, perfeitamente delimitada, como se também bi ou tri-dimensional. Percebiam-se da estrela as arestas e os pontos – vértices internos e externos. Do centro dessa estrela, uma luz mais intensa irradiava, sem, porém, ofuscar, permitindo, assim, a boa e nítida percepção do contorno, como descrito. Esses jatos do conjunto "poste-estrela", emitidos seguida e rapidamente por alguns dez ou quinze segundos, aparentavam uma altura presumível de oito a doze metros, a estrela de possivelmente dois a quatro metros de ponta. Foi um espetáculo realmente de difícil descrição, que nos surpreendeu naquele ambiente escuro, oferecendo uma vista de excepcional beleza. Cessado esse fenômeno, aquela "coisa" continuou por alguns minutos, da maneira precedentemente descrita, como pousada sobre o bosque. (fig. 5

Fig. 5 – Na foto 9, o local em que este extraordinário fenômeno foi observado a 29 de julho de 1970. "Súbito, daquele objeto, são emitidos jatos de luz dourada em direção vertical, luz adensada parecendo... tridimensional. Ligava-se a cada emissão uma estrela de cinco pontas"... (relatório n.º 15).

Foto 9 – À direita, indica-se o local onde foi observado foco de luz. À esquerda, o ponto onde se achava o objeto não-identificado descrito no relatório nº 15 (Veja também fig. 5)

A Parapsicologia e os Discos Voadores 155

Comentário

Como descrever o indescritível, tal o que presenciamos? E a explicação para esse espetáculo naquele deserto agreste de fazenda desabitada? Que inteligência, que capacidade de decisão, que poder realizador atrás de tal espetáculo? Que critério humano poderá situar a nossa capacidade de entender, decidir e fazer, face a tal fenômeno?!... Que conhecimento e que controle da *luz em si*, para tê-la assim manipulada, regulada, domada, a ponto de fazê-la adensar-se constrangida na tri-dimensão daquela figura complexa, tal o conjunto "poste-estrela"? Voltaremos a este estudo, ao final deste nosso trabalho.

Relatório nº 16 – Uma observação – Experiência excepcional: 20 a 30 metros apenas de um objeto envolvido de nebulosidade estranhamente iluminada!...

Fazenda Vale do Rio do Ouro, 7 de setembro de 1971

No dia 7 de setembro de 1971, nós e o general Benjamin Arcoverde de Albuquerque Cavalcante, engenheiro geógrafo militar de alto renome no campo da aerofotogrametria, nos achamos na fazenda, às 20 horas, visando à pesquisa, postados na área triangular, local habitual de nossa observação. Ali passamos sem nada observar até cerca de 21:30h., naquela noite fria, batida de vento e tempo ameaçador. Decidimos então regressar sem nada mesmo havermos visto de qualquer interesse. Eis, que, porém, repentinamente, tudo se modifica e achamo-nos envolvidos em uma extraordinária, excepcional observação-experiência. Aconteceu exatamente assim:

> Desolados pela ausência de qualquer observação da natureza daquelas que ali, havia algum tempo, costumavam ocorrer, dissemos:
> "Já é bastante tarde. Vamos regressar. Esse tal *comando* (num misto de dúvida e, também, como de pretendido apelo, se é que alguém pudesse apreender o nosso pensamento e entender as nossas palavras) não nos dá "bola" apesar do

relativo sacrifício dessa viagem a estes confins! É incrível! Isso se chama cozinhar em caldo lento... Afinal, comandante, isso não é justo que se faça. Benjamim, vamos embora"... Ao voltarmos porém, em direção ao carro, somos surpreendidos por uma luz rosa um tanto violácea, posta a apenas cerca de 40 a 50 metros na própria encosta da elevação em que nos encontramos. A luz pulsava em pequenos *flashes* sucessivos. Assim surpresos, atravessamos a estrada na direção e sentido daquela luz, colocando-nos, no máximo a 20 ou 30 metros, na posição nº 1. (Foto 10). Neste ponto, tal luz, às vezes, muda de coloração, desdobra-se em duas, aumentava e diminuía de intensidade, chegando a pequenos *flashes* que nos atingiam discretamente. Então, sobre a encosta do morro em frente, na posição nº 2, acende-se outra luz, agora branca ligeiramente amarelada, com maior dimensão aparente, e emitindo jatos mais intensos. Com a experiência que já temos, comentamos: "aquilo lá deve ser do aparelho!..."

Em decorrência do número de sinais que convencionamos, descemos um pouco e nos colocamos (eu apenas) na posição nº 3. Sentimos que não devíamos avançar mais um passo e ficamos na expectativa. Alguns minutos e uma bola luminosa vem rápido no sentido e na direção NO-SE, havendo partido de um ponto acima das alturas à esquerda, chamando vivamente a nossa atenção pelo clarão emitido e seu deslocamento sensivelmente horizontal rapidíssimo, vindo apagar-se próximo a nós. Seria como se se dirigisse em direção ao ponto nº 2. À altura do ponto nº 4, outra luz se acende rápido. Emite um *flash* no ponto nº 1, e continua todo esse tempo nas condições descritas.

Afinal, tudo serena. Já são mais de 22:30h. e nos achamos bem batidos de frio, chuvisco e vento. Voltamos ao triângulo. Olhamos o ambiente de ambos os lados, encostas do morro em que nos encontramos e o horizonte mais amplo à frente. Ao voltarmos para tomar o carro, eis que vemos, para maior surpresa, aquela "coisa" como que se formando, surgindo muito perto de nós. Alguns instantes e temos ali, a tão pequena distância, um objeto bem definido como imerso em uma nuvem muito iluminada (fig. 6). Avaliamos ou estimamos suas dimensões de quinze a vinte metros de comprimento, cinco a sete ou oito metros de altura!... Pedimos sinais para aproximação e não nos foram dados. Insistimos e nada res-

A Parapsicologia e os Discos Voadores

pondido. Aguardamos, analisando bem aquilo postado ante nós. Vimos, então, aos poucos, ir-se rarefazendo aquela nuvem na parte média daquela coisa-objeto. A nuvem foi se esgarçando e surge uma faixa de três a quatro metros presumíveis de largura por uns cinco a oito de altura, em tom um tanto escuro metálico, castanho claro puxando para o avermelhado. Esperamos, então, que, nessa faixa, se abrisse uma porta e que fôssemos chamados ou que, alguém, então, por ela surgisse... Nada aconteceu, porém. Alguns minutos e sem nada ocorrer, apesar de infrutiferamente pedirmos sinal de aproximação, aquela coisa se vela e desaparece. Decidimos regressar. Mas eis que tudo aquilo se restabelece e, agora, temos a esperança de sermos chamados ou de que algo mais imprevisto possa ocorrer. Nada. Apenas tudo se repete, como a querer indicar, viva, insofismável e indiscutível confirmação! Mais alguns minutos, tudo desaparece. Eram 23:30h.

Comentário

Realmente, não há a negar, trata-se de uma observação--experiência estranha, absolutamente atípica no quadro da conjuntura que apresentamos na primeira parte. Até mesmo, em relação ao constante dos precedentes relatórios.

Aquele objeto *aparece* e *desaparece* ali, à nossa plena vista, *sem se deixar ver, aproximar ou afastar-se*. É como se proviesse de uma outra dimensão ou, então, quiçá mais provável, como demonstração de um conhecimento e uma capacidade técnica tais que conseguiram visibilizar-se ou invisibilizar-se, manipulando campos energéticos interferenciais de caráter ainda não conhecido por nós, capazes de produzir quer o desvio dos raios luminosos, quer barrá-los, de forma a não impressionarem os nossos sentidos! De outra ou outras dimensões, de matéria física mais sutil, etérica?!... Então, conseguiria fazer adensar-se para ser aquela forma percebida e apreciada em nosso espaço. Voltaremos, oportunamente, a esse assunto, quando analisarmos certos ângulos da aplicação de teorias da metapsíquica ou parapsicologia, em relação ao caso em foco e outros afins. A fig. 6 dá uma representação aproximada do que tivemos o privilégio de observar detidamente nessa oportunidade.

Fig. 6 – "Alguns instantes e temos ali, tão pequena distância, um objeto bem definido como imerso em nuvem muito iluminada, e de dimensões indo de quinze a vinte metros de diâmetro, por cinco a sete metros de altura". (Veja também foto 10)

Foto 10 – Bem no centro, o general Uchôa e um membro do grupo de Brasília, indicam um dos pontos em que na noite de 7 de setembro de 1971 os observadores presenciaram insólitos fenômenos, referidos no relatório nº 16.

Relatório nº 17 – Uma experiência magnífica

Fazenda Vale do Rio do Ouro, 16 de janeiro de 1972

Achávamo-nos na noite de 16 de janeiro de 72 no ponto de observação. Éramos oito pessoas, inclusive o cel. Francisco Stanzione Madruga e sua esposa, o sr. Michele Balsamo e esposa, o sr. Roberto Beck, da Caixa Econômica Federal, o sr. Cotrim, também da Caixa Econômica, os estudantes Rubem Gallina e Arnaldo Gallina Júnior, aquele de engenharia mecânica e este vestibulando. Ali nos postamos, sem qualquer ocorrência, naquele ambiente escuro, amplo, silencioso. Depois de alguns minutos, decidimos descer a encosta para observar um pouco abaixo. Fizemo-nos acompanhar pelo estudante Rubem Gallina e pelo sr. Roberto Beck. No novo ponto de observação, ficamos colocados entre os dois. Ao sentirmos a sintonia telepática, que se anuncia por uma sensação de leveza, comunicamos aos amigos que iríamos deixar fluir o fenômeno, mas que trataríamos de anunciar em alta voz o que percebêssemos. Sentíamo-nos bem, apesar do estudante Rubem haver acusado bastante calor, ficando bem suado, conforme declarou, apesar do relativo frio ambiente.

Seguiu-se o entendimento telepático, em que transmitíamos, em alta voz, o teor recebido e, a seguir, falávamos o que desejávamos, como em conversa. O interesse deste relato reside no fato de que, ao encerrar-se aquela "suposta" transmissão telepática, em que se davam instruções sobre procedimentos ali, resolvemos racionalizar, como é de nosso hábito e exigir uma prova material da autenticidade daquele até então, repetimos, "suposto" contato telepático. Queríamos prova de verdade, e pedimos também em voz alta. Recebendo de volta palavras que traduziam relutância no atendimento sob vários pretextos (também transmitidas alto), voltamos a insistir peremptoriamente na prova material, pois, de outra forma, nos suporíamos em desequilíbrio mental, criando situações suspeitas, como a falar, naquele ambiente, com qualquer outra personalidade nossa, que criássemos por auto-sugestão. Chegamos a dizer que não teríamos mais nem condição de ali voltar (tudo isso em voz alta), pois que, àquela altura, ainda, estávamos em tempo de nos salvar ao desequilíbrio total ("maluquice"), nâo mais pretendendo ali regressar. Com tal insistência, apontamos à frente, um tanto para a esquerda, o local no qual queríamos o sinal, falando alto: "desejo um sinal objetivo ali...", estendemos o braço e apontando... então, deu-se o grande acontecimento:

Acendeu-se uma luz fosca, de colorido vário, mas um tanto à direita: vermelho-claro, amarelo e branco. Vista por nós três nitidamente, era de dimensão aparente, razoável, colocada a uns 200 a 300 metros um pouco abaixo, próximo à extremidade do bosque do lado direito, e um pouco para trás. Tivemos, então, uma viva e justificada emoção e dissemos: "muito obrigado; mais uma vez, temos a prova de um verdadeiro contato telepático, isso nos estimulará na persistência para conseguirmos um contato físico, plenamente objetivo".

Comentário

O sentido do treinamento telepático, que vem se acentuando, parece justificar-se pela possibilidade de serem telepatas aqueles seres em operação naquela região. Eles não falariam qualquer idioma nosso ou deles: Estaremos certos? Isso é objeto de pesquisa, assunto a apurar. Só sabemos, todavia, que um deles, junto a um companheiro nosso, a um metro apenas de distância, se firmou na transmissão telepática, sem balbuciar ou pronunciar uma palavra, um som...

Houve, neste caso, uma minúcia que ainda queremos acentuar: acendeu-se a luz, à direita, quando apontávamos à esquerda. Contudo, todos os três acordamos em que se tivesse sido, como pedido, à esquerda, poderíamos, depois, criar dúvidas, por se encontrar à esquerda, mesmo que bem longe, uma pequena casa. Do lado direito, toda e qualquer dúvida seria absurda, tal a evidência e o deserto absoluto daquele campo de vegetação alta. Terá sido essa a razão da preferência, apesar de havermos apontado mais para a esquerda?

Relatório nº 18 – Telepatia e projeções luminosas

Fazenda Vale do Rio do Ouro, 18 de agosto de 1972

Escrito pelo engenheiro e primo do autor Paulo Roberto Uchôa.

"Éramos seis naquela noite: o arq. Fabrício Gomes Pedroza e sua esposa, Maria de Nazaré Pedroza; um amigo do casal, sr. Roberto Costa Pinho, de Salvador-Bahia; a sra. Greici D'Ávila Bettamio Guimarães; o gal. Moacyr Uchôa, e eu. Estávamos já há algum tempo no posto de observação (foto 11) – local em que ficamos costumeiramente – e conversávamos animadamente sobre o fenômeno da aparição de pontos luminosos, que ocorrera pouco antes, quando ali só haviam chegado o casal e o sr. Roberto. Depois, a convite do general, pusemo-nos, em silêncio, ficando atentos, na espectativa da ocorrência de algum fenômeno. Dentro em pouco, o general pareceu entrar em sintonia com seres que deviam se fazer presentes não muito distante dali, ainda que inteiramente fora da nossa dimensão. Nesse instante o arq. Fabrício que, até então, não dera o menor sinal de qualquer indisposição, foi, subitamente, acometido de pequenas dores nas costas – como que dores musculares – e de um enorme cansaço que o obrigou a retirar-se para seu carro, estacionado nas imediações. Foi quando então o general passou a entrar em comunicação telepática mais efetiva, inclusive transmitindo perguntas por nós formuladas e dando-nos, de volta, as respectivas respostas. Lembro-me perfeitamente de que uma das perguntas foi sobre o significado daquelas luzes vistas tão repentinamente. Como resposta, disseram elas estarem processando ligeiras sondagens do local. Foi, então, quando começamos a perceber um pouco, à nossa direita, na linha do horizonte, o movimento de um feixe de luz semelhante ao projetado por um dos conhecidos holofotes do Exército. Aquilo movimentou-se lentamente por duas ou três vezes, exatamente como o fazem os mencionados holofotes, movendo-se num plano ligeiramente inclinado para cima em relação à linha do horizonte. Súbito, surgiu nessa linha, lentamente, num movimento vertical de ascensão, exatamente como um painel refletor parabólico de um desses formidáveis holofotes, a fonte que emitia aquele feixe; só que, já ali em cima, se voltou em direção a nós, chegando mesmo a nos iluminar, apesar da grande distância, brilhando com uma intensidade de luz branco-azulado, três ou quatro vezes mais forte que dos já citados holofotes. Entrementes, fomos acometidos de uma sensível onda de calor, chegando mesmo a sra. Greici a ser levada a desabotoar o capote que levara consigo – visto ser o clima ali ligeiramente frio. Todos, à exceção do general que se mantinha de olhos cerrados, apesar de nossas exclamações, e do arq. Fabrício, que se achava profundamente adormecido em seu carro, ficamos a observar aquela luz fantástica durante uns cinco ou oito segundos, até quando, lentamente, como quando surgiu, desapareceu completamente. Fato curioso, quase que imediatamente após o fenômeno, o arq. Fabrício despertou e veio ao nosso encontro, já inteiramente refeito, como se nada houvesse ocorrido.

(ass.) Paulo Roberto Uchôa
engenheiro (primo do autor)"

Comentário

Neste relatório, vê-se acentuado o sentido do treinamento telepático, apontado no precedente, quando exigimos uma prova. Aqui, a objetividade demonstrativa foi concomitante. De olhos fechados ao falar, "supostamente" transmitindo explicações sobre as razões por que se efetuavam, muitas vezes, projeções luminosas, eis que elas partem exuberantes dos confins das alturas à nossa frente, e muito belas, belíssimas, como descrito pelo engenheiro. Que dizer ou comentar mais do que já temos feito? Aqui ficamos.

Foto 11 – Vista panorâmica da fazenda Vale Rio do Ouro. Indica-se o ponto mais elevado da região, de onde se projetou intenso farol de luz azulada, descrito no relatório nº 18, e que iluminou toda a área e o próprio grupo, postado um pouco acima da estrada que se vê no primeiro plano.

A Parapsicologia e os Discos Voadores 165

Relatório nº 19 – Carta-depoimento

Brasília, 15 de setembro de 1972

"Prezado general Alfredo Moacyr de Mendonça Uchôa:

Tendo lido os seus Relatórios sobre os fenômenos transcendentais ocorridos na fazenda Vale do Rio do Ouro e sabendo do seu propósito de escrever um livro a esse respeito, resolvi escrever-lhe a presente carta cujo objetivo principal é corroborar a veracidade das ocorrências ali descritas, já que fui uma das testemunhas oculares de tais fatos, mormente os referidos nos relatórios de nº 1, 2, 3, 4 e 8.

A agressividade e o ineditismo de tais fenômenos foram de tal magnitude que ainda os tenho presentes em minha retina, daí porque destaco, dentro outros, os seguintes acontecimentos:

1º) – aquela magnífica explosão luminosa que precedeu às ocorrências da noite de 22.7.68, (relatório nº 1), que terminou com uma luz, de tonalidade azulada e em forma de uma espetacular estrela, que permaneceu "piscando" por longo tempo, como expressão jubilosa pelo acontecido;

2º) – aquele arco luminoso, de forma tão extraordinária (semelhante a um "U" invertido para baixo), quão gigantesco (cerca de 1000 metros de altura, por 800 metros de base), que se formou quase que abruptamente à nossa frente, naquela noite inesquecível de 16.11.68 (relatório nº 4);

3º) – os fenômenos luminosos (um verdadeiro "show" pirotécnico) que precederam àquele inolvidável "encontro" de 31.1.69, (relatório nº 9), noite essa que culminou com a formação daquela magnífica luz azul, provinda do mesmo lugar do citado "encontro"!

Enfim, meu prezado Moacyr, não quero me tornar redundante, nem privar os seus futuros leitores, sobretudo, da surpresa e do prazer da leitura de seus magníficos Relatórios, onde os fatos foram descritos com absoluta fidelidade, tal como ocorreram.

Com os meus sinceros aplausos pelo seu primoroso trabalho, valho-me da oportunidade para lhe formular ardentes votos para que seu livro – pelo seu próprio conteúdo – obtenha o mais completo êxito, pois este será, a meu ver, o verdadeiro coroamento de seus esforços, e o prêmio maior à sua dedicação a essa nobre e apaixonante "causa".

Podendo fazer desta o uso que julgar conveniente, receba o abraço fraternal do seu amigo e admirador,

(ass.) Oswaldo França de Almeida"

B) Outras observações

A seguir, incluímos alguns outros relatórios de autoria de pessoas que nos merecem a maior consideração, todas acordes quanto ao extraordinário e inexplicável do que viram e observaram. Incluimos, outrossim, outro da nossa autoria, mas que não teria lugar entre os referentes ao caso Alexânia. Tem ele uma conotação muito particular, que a rigor, nos poderia levar até a não publicá-lo, tal o insólito, e estranho das ocorrências. Isso com a agravante, antecipamos, de que esses fenômenos, os atentos e sábios cientistas de qualquer matiz, particularmente psiquiatras ou psicólogos, com justificada certeza, logo enquadrariam como alucinação visual, sonho acordado ou fantasia suspeita, consequente à superação dos 60 anos de idade do autor... Nada importará, porém, para nós, dessa perspectiva de conceitos possivelmente pejorativos, depor sobre o que temos *visto, experimentado e vivido nesse campo*. É, pois, um imperativo de consciência, para nós inarredável. Do fenômeno auditivo, como verá o leitor (relatório nº 24), há testemunhas; do outro, visual, não: repetiu-se duas vezes, porém, sem outro observador além de nós.

Relatório nº 20 – Objetos desconhecidos

Pesquisa

Grupo: José Roque Martins (psicólogo)
Sérgio Alegemovitz (do Senado)

Paulo Luiz Bastos Serejo (taquígrafo da Câmara)
Zoroastro Martins (dentista)
Luiz Paulo Bastos Serejo (funcionário da Câmara)
Local: Taguatinga (Cidade-Satélite de Brasília, Distrito Federal).

"No dia 24 de abril de 1969, 5ª feira, às 21 horas, o grupo acima referido seguiu numa camioneta, pertencente ao Sérgio, ao encontro de fenômenos de que tiveram notícia estarem ocorrendo a uns 20 km além de Taguatinga.

Munidos de coturnos, binóculos e outros apetrechos, chegamos ao local. Passando, no entanto, por Taguatinga e percorridos uns cinco kilômetro, já no cerrado, em estrada para um só veículo, tivemos nossa atenção voltada para uma luz que nos seguia. Depois de algum tempo, desapareceu. Ela talvez estivesse a uns dois metros de altura. Ao nos aproximarmos do ponto exato em que deveríamos estacionar, assistimos, deslumbrados, à descida do céu, acima de nossas cabeças, de duas grandes bolas iluminadas com intensa luz branca, mas que não projetavam. Desciam paralelamente, sem ruído e guardando a mesma distância entre si, até atingirem a linha do horizonte e em seguida baixarem mais, um pouco, pelo vale. A descida foi lenta e todo o grupo pôde admirá-la. Iniciaram movimentos horizontais, nos dois sentidos. Às vezes, tomaram sentidos contrários. Outras vezes, ao se encontrarem, se confundiam, dando a impressão de se interligarem, inclusive se movimentando como se fora um só objeto. Após, se separavam novamente e continuavam as evoluções. Nos movimentos de aproximação, para onde nos encontrávamos, causaram, em quatro dos participantes do grupo uma espécie de fusão no centro da testa. Excetuada a minha pessoa, os demais num só tempo acusaram aquela sensação. Quando os objetos se aproximavam, diminuíam o potencial luminoso e causavam, com isto, a sensação mencionada. Duas vezes aconteceu este fato conosco. A descida dos objetos foi observada por todos. Presenciamos estes fenômenos das 22:30h. às duas da madrugada do dia 25. Por intermédio do José Roque Martins, fomos informados, por mensagem telepática, de que estavam impossibilitados de se aproximarem porque nos afetariam a saúde.

Das 2:00h. às 2:30h., nada pudemos observar, quando então resolvemos regressar. Já havíamos percorrido uns cinco kilômetro quando fomos alertados pelo dr. Zoroastro para as bolas luminosas acesas em cima do carro, pelo seu lado direito. As luzes aumentavam em tamanho e intensidade. Ficamos parados fitando. O local é uma planície. Impossível haver qualquer dúvida quanto à natureza dos objetos. A sensação de pressão no centro da testa é logo mencionada pelos quatro que já haviam passado pela experiência. Só eu continuava a única exceção. Porém, algo me surpreendeu. Uma cólica na região umbilical e imediatamente, a seguir, uma sensação de perda total de peso, e me sentindo flutuar, tomando a direção da janela do carro. Aí, me assustei, agarrando-me em seguida ao carro. Foi o bastante para voltar ao meu estado natural. As luzes foram diminuindo até se apagarem por completo. Ainda permanecemos uns dez minutos parados, extasiados. Em seguida regressamos sem qualquer outro fato digno de registro.

ass. Luiz Paulo Bastos Serejo"

Relatório nº 21 – Luz estranha – Fazenda Vale do Rio do Ouro

"Ao sr. general Uchôa

Aí vai o relato pelo senhor solicitado. Narrarei apenas o que foi visto, sem tentar explicar os fenômenos ou comentá-los.

Era uma noite de janeiro de 1969. Era noite escura. Céu totalmente encoberto. Cai chuva fina. Estávamos na fazenda, no interior do carro estacionado ao lado do triângulo, de frente para a sede, eu, Luiz Macedo, minha esposa, Nazareth, e o nosso conhecido Luiz Afonso Albuquerque. O sr. general, também estava na fazenda, mas em outro local, acima da sede. Em dado momento, surgiram ao Norte duas das nossas familiares luzes vermelho-pálidas, que passaram a se deslocar a alta velocidade em sentido oposto uma da outra, para depois se reaproximarem. Quando afastadas, como que trocando sinais, apagavam e acendiam. Assim ficaram por cerca de cinco minutos até que, quando se achavam relativamente próximas uma da outra, deixaram escapar, da parte inferior, résteas de luz azul trianguladas, que eram projetadas em todas as direções. A seguir, as duas luzes vermelhas e respectivas luzes azuis passaram a se deslocar a pequena velocidade. Estavam nesse momento na altura da fazenda do cel. Epitácio. Liguei, então, o pisca-pisca do carro, mas logo a seguir apagaram-se as luzes vermelhas e azuis. Comentávamos a beleza do fenômeno quando notamos uma luminosidade na estrada, bem à frente do carro. Pensamos, de início, tratar-se de projeção dos faróis do carro do Wilson Gusmão, que antes estava em nossa companhia, juntamente com seu cunhado José. Ambos haviam voltado à sede e prometeram retornar ao triângulo. Entretanto, logo nos apercebemos de que não poderia ser a luz dos faróis do carro do Wilson, devido à direção de onde provinha. O pisca-pisca permanecia ligado. Decidimos deixar o carro e subir ao triângulo, apesar da fina chuva que ainda se fazia presente. Já estávamos no triângulo voltados para a sede, quando à nossa esquerda, relativamente próximo de nós, cerca de cem metros ao alto, acenderam-se primeiro a luz vermelha e em seguida a azul, que era projetada em nossa direção. As luzes permaneceram acesas por pouco tempo, talvez três segundos. Havia passado perto de dois minutos quando as luzes voltaram a se acender em nossa direção. Desta feita, apareceu primeiro a luz vermelha bem à nossa frente, postada bem alto, a oeste. Agora permaneceu por mais tempo lançando a belíssima luz azul em nossa direção, permanecendo acesa por seis segundos, o que nos ensejou observá-la em seus detalhes e características. Surgia a luz azul abaixo da luz vermelha. Note bem, surgia, pois não foi notado nenhum farol que lhe desse origem. Expandia-se a partir do ponto em que se iniciava, abrindo-se em leque. Ao tocar ao solo, cerca de 20 metros distante de nós, ao invés de ali morrer, continuava a luz a se expandir como que rastejando até perto de nós. Porém não chegou a luz azul a nos tocar, pois morria a um palmo do nossos pés, em linha reta à nossa frente. Detalhe curioso foi o fato de a luz não extrapolar. Sua luminescência cessava de vez ao invés de ir se esmaecendo aos poucos nos bordos até desaparecer. Era como se fosse uma folha de papel luminoso. Apagaram-se, então, primeiro a luz azul, depois a vermelha e naquela noite nada mais vimos. Foi esta a oportunidade em que pudemos assistir a um dos mais interessantes fenômenos naquela fazenda, dentre outros que pudemos testemunhar.

Brasília, 15 de abril de 1971

ass. Luiz Gonzaga de Macedo
ass. Luiz Gonzaga de Macedo Filho"

Relatório nº 22 – Luz junto ao aeroporto de Salvador, Bahia

Observação realizada por Alberto Romero
Testemunhas: Miguel Bernardo, Rogério Bernardo, Irene Romero
Data: 30/10/1971, às 19:00h.
Local: Avenida Paralela, em direção ao Aeroporto 2 de Julho, Salvador, Bahia.

Surge uma luz verde claro (fig. 7), fixa no céu, parecendo estrela (1). A luz verde desloca-se para a direita do observador e aparece em plano posterior, uma luz branca. Embaixo, à direita, observam-se as luzes de um jato aterrissando (2). A luz verde avança a muito maior velocidade que o avião, e de pronto some a luz branca, apenas permanecendo a verde (3). Poucos segundos depois, a luz verde mergulha em direção ao mar, a aproximadamente o triplo de velocidade do jato, e bem na vertical aparente para nós (4).

Dias depois, conversando com um jornalista do *Jornal da Bahia*, de nome Gustavo, genro do proprietário do jornal, confirmou-nos que naquele dia, mais ou menos à mesma hora, havia observado idêntico fenômeno, a uma distância de cerca de 30 km do local onde nosso grupo se encontrava. (Alberto Romero)

A Parapsicologia e os Discos Voadores

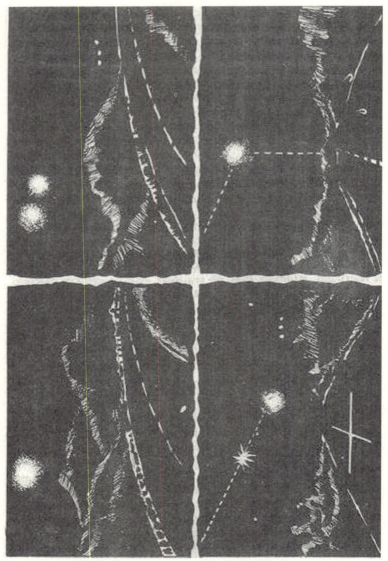

Fig. 7 – Luz verde fixa no céu (quadro superior esquerdo). Em seguida, surge luz branca atrás da verde (quadro superior direito), aparecendo também as luzes de um avião a jato. Luz verde avança, e desaparece luz branca (quadro inferior esquerdo). Luz verde mergulha em direção ao mar (quadro inferior direito). (relatório nº 22).

Comentário

Esta observação apresenta extraordinária analogia com muitas ocorridas na fazenda. Há que ser pensado em que tudo isso é bem digno de ser registrado, estudado, pois, no seu todo, essas ocorrências parecem indicar, ou melhor, significar um estímulo à pesquisa. O que se encontrará atrás de tudo isso?

Relatório nº 23 – Luz – Objeto em evolução – Saramenha – MG

Saramenha, MG, 9 de julho de 1972

"A pedido do general Alfredo Moacyr de Mendonça Uchôa, passo a narrar uma ocorrência por mim vista às 24 horas do dia nove de julho do corrente ano, que atribuo ter sido mais uma das inúmeras aparições de um "objeto não identificado".

Viajava eu na estrada que liga Rio Casca a Belo Horizonte, em companhia do colega da Caixa Econômica José Joaquim Mendes.

Chegando a Saramenha, cidade perto de Ouro Preto, o colega Mendes chamou minha atenção para a posição de uma intensa luz que se localizava, a meu ver, em cima da serra.

Ao parar o veículo, pude constatar que se tratava de algo totalmente diferente daquilo que conhecemos como luz.

Era uma noite límpida e estrelada, o que contribuía bastante para que eu e o colega pudéssemos verificar, com nitidez, o fenômeno até então nunca por mim presenciado.

A luz tinha uma enorme intensidade, de cor branca, e a forma circular tendo, em sua periferia, uma auréola de feixes, no sentido radial, de uma luz ultra-violeta.

Parei para apreciar o fato por três vezes, tendo procurado na última me posicionar na estrada de tal maneira que tivesse condições de acompanhar aquilo que pela primeira vez tive o privilégio de presenciar.

A "Luz", após uns trinta minutos de evolução em todos os sentidos, foi perdendo sua intensidade até ficar visível simplesmente uma espécie de cauda de cometa.

Devo acrescentar que sua velocidade era algo de espantoso.

Aproximadamente uns cinco minutos após o desaparecimento nas condições acima mencionadas, voltou à intensidade inicialmente vista com as mesmas características do desaparecimento.

Como leigo sobre o assunto, procurei, com uma lanterna, fazer sinais mesmo na esperança de conseguir obter algo que esclarecesse aquela aparição.

O colega Mendes tentou por várias vezes parar outros veículos que passavam pela estrada. Todavia, não conseguimos em virtude de estarmos parados numa grande descida.

Devo acrescentar que no momento em que presenciamos tudo o que aqui declaro, estávamos conversando sobre agropecuária.

A declaração aqui prestada não tem outro objetivo a não ser o de um testemunho pessoal e desinteressado daquilo que vi, conscientemente, num assunto que é motivo de tantas contradições e estudos.

Assim, pois, meu preclaro gal. Uchoa, autorizo o amigo a dar publicidade e fazer desta uso para os objetivos a que se propõe.

Formosa, GO, 3 de setembro de 1972

ass. Roberto Ribas"

Relatório nº 24 – Depoimento pessoal sobre estranhos acontecimentos: Manifestações auditivas e visuais

Há alguns meses passados, acompanhara eu um amigo, o dr. Lídio Diniz Henriques, a Caratinga. De regresso, viajando os dois em seu volks, a certa altura inopinadamente ouvimos forte e rouquenha buzina como de algum carro que nos quizesse ultrapassar, porém aflito ou nervoso o seu motorista por qualquer inconveniência da nossa posição na estrada. Verificamos, de imediato, que nenhum veículo se encontrava junto a nós, à nossa retaguarda e ficamos surpresos com o fato. Apuramos, no momento, que a uns 200 metros se encontrava, viajando no mesmo sentido, pesado caminhão que havíamos ultrapassado. Chegamos a pensar, tal a sugestão do dr. Lídio, que a buzina fosse daquele caminhão, apesar da distância e da sua pouca velocidade, cabendo a nós parar, verificar e solicitar ao seu motorista que acionasse a sua buzina. Achamos porém, que nosso proceder seria estranho e não o fizemos, prosseguindo a viagem. Pensei, então, no momento assim: se algo de supranormal porventura existir nesse fato, só o valorizarei se se repetir... Isso se deu em uma terça-feira. Chegado a Brasília, no sábado próximo, dirigi-me com minha esposa, às 10:30h., à feira no Núcleo Bandeirante. Eis que ao transpormos a pequena ponte que precede o local chamado de VELHACAP, na rampa que da ponte leva ao 1º posto de gasolina ali existente, ouvimos, os dois, três buzinadas também fortes, nervosas e rouquenhas, como de um material já mais usado. Verificado o fato e apurado que nenhum veículo ali se encontrava, apenas nós naquele trecho, naquele momento, lembrei-me imediatamente do ocorrido na volta de Caratinga, mesmo porque o som, a intensidade e a rapidez da sucessão dos sons tudo se me pareceram análogos. Disse, então, à minha esposa, antes de qualquer comentário e imediatamente: "Sabe, eu não lhe havia contado, mas, quando de minha última vinda de Caratinga, aconteceu na estrada um fato interessante..." Ela me interrompeu logo, exclamando: "Já sei, você vai me contar isso por causa dessas buzinadas agora, aqui, atrás de nós, não é?" Respondi-lhe que sim. "Ouviu você também?" Ao que ela responde: "Ouvi nitidamente e já ia falar quando você me interrompeu..."

Esse fato passou então a ter o especial significado de ser uma repetição de outro análogo, ocorrido dias antes e que eu não valorizava devidamente, dado o insólito do acontecimento, aguardando uma confirmação...

Isso, porém, não parou aí. Prosseguiu ainda, verificando-se mais duas vezes, como relato a seguir:

Regressávamos do cinema às 23:45h., um tanto retardados em relação ao fluxo natural de automóveis que de lá partiram após a sessão. A altura da SQS 104, na lateral do eixo rodoviário, nesta cidade, Brasília, unicamente nós àquela hora, naquele justo momento, nova série de três buzinadas nos agride, com o mesmo tom nervoso, apressado de quem quer passar. A mesma buzina rouquenha e estranha. Que dizer, então, desse fato a mais, no mesmo gênero dos anteriores e assim tão flagrante, objetivo?

A Parapsicologia e os Discos Voadores

Mais alguns poucos dias e na Asa Norte, à tarde de um domingo, juntamente com minha esposa e filha, uma forte, muito intensa e rápida buzinada, agora, diferente, ocorre como se algum veículo de motorista nervoso percebesse de repente que eu iria, com o meu volks, apertá-lo de encontro ao meio fio, do qual distava eu, talvez, uns dois metros e meio. Dei súbito golpe de direção para a direita atendendo a tal premente situação, por natural ato reflexo de quem dirige, mas, na realidade, nenhum veículo ali estava nem ao meu lado, nem mais distante, naquele momento. Ficamos os três surpresos... e aqui fica mais esse depoimento...

Ainda neste relatório, quero depor sobre fato de igual transcendência, talvez mesmo maior, com o prejuízo, porém, de não haver testemunha, a não ser eu próprio. Ocorreu no dia 31 de janeiro de 1969. Ambiente de trabalho de fiscalização de obras da Caixa Econômica na SQS 405 Setor Leste (L2). Despeço-me e me dirijo ao volks ali perto. Fazia sol, tudo claro. Vejo uma fumaça azul dentro do carro e abro-o, convicto de que havia algo queimando. Entretanto, ao invés de examinar de fora o que se estaria passando, entro e procuro verificar de onde proviria aquela fumaça. Então vejo que o parabrisa estava fosco, cor de pérola. Passo um lenço e nada é removido. Estranho que seja alguma coisa por fora. Olho e o sol indica que não seria possível qualquer condensação e daquela cor. Sem outra solução, para aquela fumaça ou espécie de névoa azul e para aquela cor e opacidade do vidro do parabrisa, imagino, aliás ingenuamente, que poderia ser qualquer coisa nos meus óculos. Tiro-os e examino, olhando para fora. Nada, os óculos estavam limpos. Quando os ponho e olho novamente o interior, tudo estava normal: voltara a tranquila transparência do parabrisa e toda névoa azul, ou aquela fumaça, havia desaparecido!... Já então me dei conta do estranho de tudo aquilo, sem uma explicação normal, digo, no âmbito do normal. No momento, como já ocorrera no caso descrito das buzinadas, em que, quando da primeira vez, deixara eu de valorizar o fenômeno, esperando repetição ou repetições que ocorreram posteriormente, aqui também assim pensei. Aguardei que se repetisse e isso ocorreu de forma realmente espetacular, porque pude acompanhar a marcha do fenômeno: quase no mesmo local, a uns 30 a 40 metros, no dia

4/2/69, quatro dias após o primeiro fato, às 11:30h., ao abrir o mesmo carro, noto que a névoa azul estava começando a entrar pelo canto oposto do parabrisa e do vidro da outra porta, e entrava lentamente. Entro e observo tranquilamente o fenômeno. Continua a entrar, agora azul anil, mas ia deixando o parabrisa e o vidro da porta oposta amarelos, espécie de pérola fosco. Vejo tudo muito bem inclusive progressivamente a seção de separação do vidro entre o já fosco e o transparente, como a deslocar-se até percorrer toda a extensão do parabrisa. Pareceu-me que aquilo atingia a estrutura do vidro. Passo então o lenço para remover e era mesmo que passar na pintura de uma porta. De repente tudo sumiu e normalizou-se. Havia ficado em meio daquela névoa azul, sem qualquer visibilidade!

Destaquemos que o primeiro dos dois incidentes aqui relatados se deu exatamente na manhã do dia em que tivemos o encontro na fazenda, descrito no relatório nº 9.

Comentário

Os fatos retrodescritos implicam seriamente conotações objetivas de natureza tal que logo sentimos transcenderem à fenomenologia normal e habitual. A intencionalidade subjacente a esses fatos, que. por outro lado, implicam no domínio energético e técnico próprio àquela estranha produção do som e à promoção daquela esfera luminosa de névoa bem azul que passa sem qualquer dificuldade através do vidro do parabrisa e da porta oposta, tudo sugere algo bem positivo que escapa ao normal do espaço tridimensional em que existimos. Vimos, na verdade, que a névoa invadia a intimidade do vidro!...

Essa consciência-inteligência em operação, como se encontraria na continuidade do seu existir? Ou seria criação momentânea de "inconsciente isolado" (nesse caso, o nosso) ali presente ou de outro distante, ou "inconscientes somados", não se sabe de que forma, produzindo tal resultado em um instante fugidio? Como quer que seja, há aí, não há negar, marcante sugestão da hipótese de seres operantes fora de nossa linha humana, assunto a que voltaremos ao encerrarmos a terceira e última parte deste trabalho.

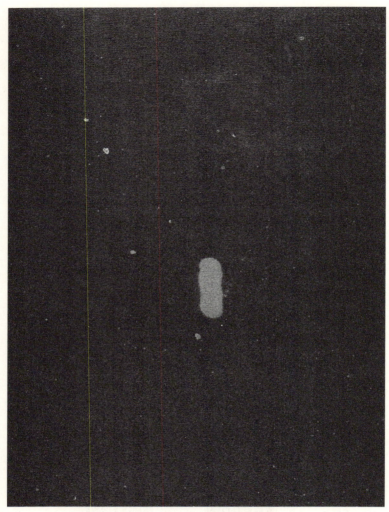

Fotos 13 e 14 – Tiradas em 27 de maio de 1961 pelo fotógrafo Aclayr dos Santos Pascoal, à 1:30h. da madrugada, na Velhacap. Brasília. Testemunhas: dr. Paes Leme, então delegado da Policia Federal, e outras autoridades, de plantão nas delegacias especializadas. Achavam-se essas pessoas no andar superior do galpão. O objeto emitia luz vermelho claro, muito intensa, mas do tipo "luz fria" (fluorescente). Estava a 30° acima da linha do horizonte, a oeste. O objeto tornou-se difuso, depois, produzindo o que se vê na foto 14.

Parte III
Análise, hipótese e hipóteses

Ganhei uma vida tão imensa, cujo brilho só se comparava ao do sol e que não se podia ensombrar com palavras, as quais são, por si mesmas, sombras de um mundo de sombras...

Alfred Tennyson

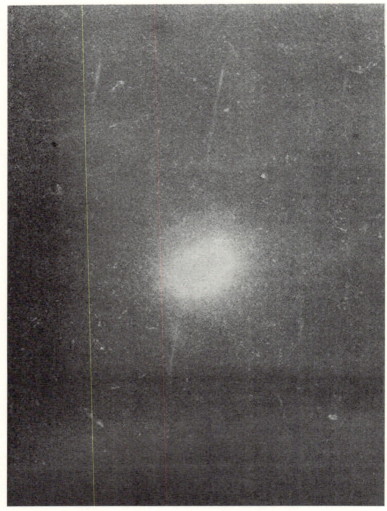

Foto 14.

CAPÍTULO VIII

Do extraordinário na
fenomenologia de Alexânia

Súbito, naquela memorável noite de 26 de julho de 69 (Relatório nº 1), quando da nossa primeira observação, concluímos estar em face de "algo" indiscutivelmente válido, merecendo toda atenção e, se necessário, toda dedicação e mesmo sacrifício para estudar, pesquisar. Só mesmo uma ciência extra-humana, ou melhor, além do conhecimento científico atual, poderia revelar-se em tal técnica, tão ostensivamente superior a tudo até aqui realizado, vamos dizer, no solo ou acima do solo. A beleza e a euforia luminosas explodindo no ar tão perto, aquela forma como de névoa concentrada à nossa frente, tão nítida e convincente, aquele salto instantâneo para mais alto à direita, onde a coloração modifica-se do branco para o rosa claro, com *flashes* dessa cor, a volta, como intencional, à posição do pouso inicial sobre a mata daquela encosta tão próxima, as peripécias, que já descrevemos, já aí de caráter mental ou de estranha irradiação que chega a afetar o estado físico de dois companheiros, o incrivelmente veloz deslocamento que, afinal, fez aquela "coisa" desaparecer dali e postar-se, instantaneamente, do lado oposto, próximo de nós e a 700 ou 1000 metros presumíveis de altura, agora comportando-se como se uma estrela ali estivesse piscando seguidamente, como a querer fazer-se notar por aquele pequeno grupo de que participávamos – como explicar tudo isso? E logo depois desaparecer, ao receber resposta oportuna em *flashes* de lanterna que um de nós conduzia? Tudo isso, convenhamos, são coisas para pensar, dignas, muito dignas de atenção, não de amadores bisonhos e curiosos superficiais, mas de autoridades científicas e governamentais, que possam credenciar-se para essa pesquisa tocados de espírito são, probidade, honesta disposição para relacionar-se com *esses poderes, esses seres*, ou essa "cousa" capaz de produzir tudo isso, em ambiente tão primitivo, rude, natural, de uma simples e pobre fazenda, ponto a ponto palmilhável por quem o queira fazer. De fato, será sempre de máximo interesse o controle das pesquisas e condições de certeza que hajamos por bem estabelecer. Mistificações, algo suspeito, como julgá-las possíveis se as coisas se passam no solo enflorestado sem acessos normais, e também, nas alturas?!... O que voaria naquele ambiente, e naquelas condições, exibindo tal energia, flexibilidade de movimentos inesperados e beleza de colorido?!... Forças mecânicas cegas em operação, decorrentes de casuais reações físico-químicas ou elétricas e magnéticas naquela atmosfera? Sob a radiação insuspeitada, porém real, daquele terreno ainda não bem estudado? Quem poderia lançar essa hipótese, face a tais ocorrências, denotando inteligência, técnica, finalidade?

Mais adiante, naquela noite emocionante em que se assistiu a verdadeira demonstração pirotécnica, assinalada no relatório nº 10, vimos uma simples luz vermelha, de pouca dimensão aparente, subitamente ampliar-se, elevar-se e transformar-se como que em roda gigante de fogo, a girar e girar rapidamente e a emitir faíscas vermelho vivo para todos os lados, como grupo de transformadores de alta tensão em curto circuito?!... Isso presenciado por muitas e idôneas testemunhas, espantadas e até temerosas de que aquela "coisa" pudesse voltar-se de encontro ao grupo, que se achava em posição mais elevada?!... Desafio à física? Sim. Onde a fonte de energia? Desafio à química? Sim. Como a produção daquela luz, daquela chama viva e impressionante, que se alçou do solo, ali operou e não deixou qualquer traço? Desafio à ótica? Eis o depoimento do dr. Cláudio Costa, eminente oftalmologista de Brasília, que ali compareceu várias vezes, suspeitoso de que se trataria de ilusões ou embustes:

> Passei quase uma semana em verdadeiro trauma mental,

sem achar caminho para qualquer explicação. Felizmente, alguns dias após, adaptei-me àquela realidade sem poder explicá-la!!!

É que lá presenciara o dr. Cláudio essa fenomenologia agressiva, absurda aparentemente, mas efetiva e real!

O arco que se fez (fig. 1, relatório nº 4) projetou-se à forma de U invertido de cerca de 800 a 1000 m de *base* e de altura(?). Sua forma era tal que a todas as sete testemunhas pareceu realmente um arco elevado. É de presumir-se bem mais de 1200m de altura. Com que recursos da técnica humana atual seria possível imitar esse fenômeno?

Que físico renomado ou técnico de alta especialização, dos centros de experimentação mais avançados, ousaria afirmar ser capaz de realizar tal "façanha", já não dizemos no ambiente agreste daquelas paragens, sem quaisquer aparelhos ou fontes energéticas, mas mesmo dispondo de todos os recursos da mais elevada indústria especializada postos a seu serviço, à sua disposição?

Cumpre-nos dizer, repetindo, reafirmando: arco nítido, amarelo-esverdeado, bem claro naquela fundo de mato escuro, só tocado da luz mortiça de uma lua minguante perto do ocaso, e depois, vencida a altura das elevações, plantado belamente naquele céu à nossa frente? E a nitidez que toma, quando a lua é escondida sob uma nuvem pesada?!...

Será preciso mais ainda, para afirmar esse desafio de uma possível evolução superior de seres, que transcendem ao status técnico-científico da nossa humanidade?!...

Mas há muito mais. Não minuciaremos tudo que ressalta de nossos relatórios, mas não nos é possível passar de referir o *máximo* (relatório nº 15), nesse campo físico-químico, que vem consolidar, confirmar e mesmo acrescer muito de contundentemente desafiante a essa física, a essa química, a essa técnica nossa, a tudo que, nesse campo, já com certo justificado "orgulho", nós, homens, enaltecemos e reverenciamos como exprimindo o nosso domínio sobre a natureza... Nós, os "inexcedíveis" reis da Criação?!...

É o que consta desse relatório nº 15 (fig. 5). Agora, é a nítida impressão como de luz condensada, como se incrivelmente

A Parapsicologia e os Discos Voadores

ajustada às três dimensões, à forma como se fora de um poste de iluminação prismático, quadrangular, revestido de folha de ouro, muito iluminado, emitido do objeto que se postava a discreta distância, à nossa frente, flutuando pouco acima de um bosque, sobre o qual antes espargia para um lado e para outro uma luminescência irradiante. Todavia, isso não é tudo daquela demonstração bela, maravilhosa, que tivemos naquela noite. Ligada àquela haste, o tal "poste" prismático iluminado, uma estrela da mesma cor de ouro brilhante, da qual se distinguiam nitidamente os pontos externos e internos do contorno e as suas linhas bem definidas, dando também a impressão das três dimensões!...

Para ainda completar tudo aquilo, da parte central da estrela partir um jato mais intenso de luz, cuidadosamente dosado, supomos, de forma a não perturbar a nitidez desse conjunto, como descrito. Essa figura foi emitida várias vezes seguidas, como levantando-se súbita e seguidamente daquele objeto que plainava, como dissemos, sobre aquele bosque à nossa frente. Como admitir um instrumental, ou sem ele, capaz de produzir tal coisa, partida daquele objeto flutuando sobre o bosque, já ele próprio, em si, incrível desafio às nossas possibilidades mecânico-técnicas, físicas ou energéticas?!...

Complementando, ainda, esse breve resumo sobre o extraordinário dos fenômenos ali ocorrentes, é de mencionar-se a frequência do fenômeno parapsicológico ali presente, considerado nos vários aspectos que possamos distinguir, dentro do quadro fenomenológico que a parapsicologia oferece, segundo apresentamos na primeira parte deste trabalho.

Minuciaremos o assunto no capítulo IX, a seguir, quando indicaremos, explicitamente, as afinidades entre os dois campos. Esse laço estreito de aproximação possibilitará e mesmo fundamentará algumas conclusões que tiraremos e, ainda, uma das hipóteses que formularemos em torno dos problemas suscitados pelos discos voadores.

CAPÍTULO IX

A presença da Parapsicologia

O nosso livro *Além da Parapsicologia* nos situa plenamente no campo explícito da experimentação e vivência do fenômeno parapsicológico, metapsíquico, alguns dos quais já referimos na primeira parte. Com essa experiência direta desse tipo de fenômeno, somada às informações colhidas na literatura mundial a respeito, face à fenomenologia da fazenda, em que se configuram nitidamente indiscutíveis aspectos da problemática ufológica, não nos é possível deixar de inferir correlações estreitas entre esses dois campos.

É evidente que o que afirmamos não pretende incidir sobre os variados fenômenos de características próprias, notórias nas observações à distância ou contatos, constantes da literatura sobre DVs. A partir daqui, estaremos estudando os aspectos da problemática ufológica afins às nossas experiências e observações de Alexânia, enfatizando aqueles relacionamentos parapsicológicos. Frisemos, porém: não defendemos a *teoria parapsicológica* sobre os discos voadores, como um todo, mesmo porque desconhecemos, na parapsicologia, qualquer teoria que possua amplitude suficiente para abarcar o seu próprio campo! Que diríamos, então, se esse campo ainda se estendesse a seres interplanetários, suas capacidades reveladas e aquelas outras ainda não demonstradas?... Na verdade, é uma lastimável verdade que a parapsicologia se mantenha tão estreitamente unida a um "inconscienticismo" deformante e deformado, pois

185

já passional, na luta para manter o homem como o ponto mais alto de toda a realização porventura oferecida pela evolução natural. Os parapsicólogos religiosos temem o desmoronar de sua base maior toda concentrada no *homem* como a obra prima de seu Criador. Tremem, pois, e querem que todo poder esteja no *Homo sapiens* deste minúsculo globo, poeira solta nos espaços aparentemente vazios!... Os parapsicólogos materialistas temem e tremem muito mais, pois se acha em cheque toda uma estrutura, todo um sistema de pensamento, conceitos e convicções calcados na dignidade maior do homem, como ser que vem de uma única linha, de um único processo de transformações evolutivas, representando o seu mais alto grau. Se o homem acabar visto como simples pigmeu ainda, face a um universo infinitamente rico em linhas outras de ascensão para o espírito, seria talvez doloroso para o orgulho e para a glória de ser *um homem*. Cairia, com a transformação daquele quadro evolutivo limitado, um mundo de supostos conhecimentos, ante uma reformulação total de conceitos, que a própria fenomenologia parapsicológica já impõe e os discos voadores, com a mensagem de seres de maior estatura espiritual, técnica e científica, oferecem.

Todavia, apesar de ausência, no âmbito de ciência oficial, dessa teoria ampla, abrangente, que, informando a parapsicologia, pudesse envolver a problemática dos discos, nada impede, mesmo porque a experiência a isso conduz, de verificar-se quanto o fenômeno parapsicológico, metapsíquico, está presente no campo ufológico. Pelo menos, a nós se afigura isso flagrante no caso Alexânia, talvez, um tanto atípico dentro da conjuntura mundial.

Com o propósito, aliás, bem definido de, apesar de suas características, situá-los nessa conjuntura e, também, de mostrar como e porque a parapsicologia nele se encontra, é que, na primeira parte, básica para este estudo, esta análise, apresentamos um quadro sucinto de ambas as conjunturas: parapsicológica e ufológica. Nesta, não há negar, se situa o caso Alexânia, pois temos documentado e testemunhado:

a) A presença de objetos ostentando as formas já mundialmente conhecidas: lenticular, discoidal, de charuto.

b) A aparição e deslocamentos imprevisíveis de luzes de várias cores; denotando um sentido, um propósito, comunicando-se, muitas vezes, com o observador à base de um código previamente proposto.

c) Formações nevosas, com aspecto de objeto, parecendo envolvê-lo, donde partem irradiações luminosas de cores as mais variadas.

d) Contato com os operadores desses objetos, como ocorreu no dia 31 de janeiro de 1969, fato bem minuciado no relatório nº 9.

Compete-nos, então, na linha do estudo a que nos propomos, mostrar a parapsicologia nessa fenomenologia de Alexânia. Fá-lo-emos, já indicando um ensaio interpretativo que, logicamente, aproxima desse campo das observações de Alexânia as possíveis técnicas ou perspectivas parapsicológicas, conferindo, assim, a essas técnicas ou perspectivas, possível validade para aplicar-se até certo ponto, pelo menos, ao campo maior da conjuntura ufológica mundial. Vejamos:

a) Fenômenos luminosos

Indicamos como se passam em ambientes fechados: surgem formações luminescentes, às vezes, luzes foscas ou brilhantes, que ficam paradas ou evoluem lenta ou rapidamente. Às vezes, de um ponto fixo, explodem em *flashes* de ofuscar, iluminando objetos e pessoas, todo o ambiente enfim. Esse o fenômeno parapsicológico. E no caso Alexânia? E em alguns que indicamos da conjuntura mundial, o caso Gorman por exemplo, da luz esférica que evoluía sobre a pista em que deveria pousar? O do relatório de Alberto Romero que apresentamos, da luz em velocidade nas alturas de Salvador? E a magnífica observação do sr. Roberto Ribas e José Joaquim Mendes, (relatório nº 23), ambos funcionários credenciados da Cx. Econ. Federal em Brasília? Neste último, aliás, uma luz que se ampliava e definia como um verdadeiro objeto, irradiando várias cores?

No caso Alexânia, em campos e ares abertos, planuras, encostas, alturas, linhas do horizonte próximas ou distantes e no espaço, bem baixo, alto ou muito alto, por toda parte, ressalta, dos relatórios apresentados, uma plena demonstração do governo integral dos processos de eclosão de luz de toda a natureza e nas mais diferentes circunstâncias. São, como nos ambientes fechados de observação parapsicológica, pontos luminosos, focos irradiantes fixos, agora aqui, muitas vezes, como faróis potentes que subitamente se acendem e iluminam todo o ambiente, mesmo a grande distância, outras vezes, como estrelas que pairassem a poucas centenas de metros de altura, próximo ao observador, como aconteceu no dia 22 de julho de 1968 (relatório nº 1).

E para explicar isso? No campo parapsicológico, julga-se possível uma técnica superior de manipulação da matéria ectoplásmica oferecida pelo médium ou sensitivo e, também, pelos assistentes. Seria uma matéria semivitalizada, que ainda não se encontra bastante estudada. E nos casos que acentuamos, particularmente dos "shows" luminosos de Alexânia? Seria uma interrogação?... Mas há um denominador comum: jamais os vimos com qualquer claridade solar!... Sempre foi necessário sobrevir a obscuridade, superado o crepúsculo. *Não será este um elemento sério a ponderar e que aproxima bem os dois campos?*

A substância ectoplásmica das sessões parapsicológicas, na sua essência, não estaria ou seria subjacente à própria energia solar, dela podendo ser colhida, mediante uma alta técnica que seres superiores poderão possuir? Parece-nos muito justo assim concluir, pois na energia solar residem a própria vida e todos os condicionamentos da matéria. Isso explicaria as materializações fora do ambiente mediúnico espírita ou metapsíquico, parapsicológico, à luz solar no ambiente natural aberto de campos, florestas etc....

Evidentemente, não estamos afirmando essa teoria para explicar os fenômenos luminosos citados, como um todo. Incluiríamos, porém, entre os assim explicáveis, as formações nevosas luminescentes, foscas ou brilhantes, as luzes que repentinamente se acendem bem próximo e ali, súbito, desaparecem. Por esses fenômenos, aproximam-se os dois campos em foco: parapsicológico e ufológico.

Escusado será dizer restar muito a explicar do campo dos DVs, quanto à presença e utilização da luz, incluindo-se até raios luminosos concentrados como instrumento de ataque, como se deu no caso referido da Barragem do Funil, com o funcionário Altamirando, ou o caso *Tiago*, em *Lins*.

b) Fenômenos de materialização

Indicamos, também na primeira parte – o leitor recordará – materializações de seres com características próprias, ostentando um físico normal e uma pretendida bem configurada personalidade: os casos de Katie King, de Esther Livermore etc., e aqui citamos, ainda, as exuberantes materializações do padre Zabeu em nossa própria residência e em alguns locais, em São Paulo, constantes do nosso livro-depoimento *Além da Parapsicologia*. Afora isso, materializações e transportes de objetos, tudo isso desafiando as leis do contínuo espaço-tempo. Nesses fenômenos, encontramos, aliás, bases para inferir logicamente naquele livro, outras dimensões da realidade.

Sem querermos afirmar objetos ou seres da área dos DVs, como materializações dessa natureza, confessamos, porém, o nosso objetivo de mostrar, também aqui, uma realidade de seres ou coisas que, às vezes, surgem como se fossem, também, de outras dimensões: aparecem e desaparecem subitamente.

A eles, muitas vezes, se associam formações nevosas que antecedem as suas aparições e desaparecimentos, como acontece no campo parapsicológico. Recordamos, aqui, a forma pela qual desapareceu à nossa frente veículo absolutamente material, parecendo bem claro ser de metal, (relatório nº 14). Formou-se, de súbito, uma névoa, envolveu aquele objeto e nela e com ela, desapareceram o veículo e as luzes que conduzia!...

E que dizer do desaparecimento súbito, também sem deixar perceber qualquer indício ou condição de observação do processo usado, daquele ser, que conseguimos fotografar no dia 31 de janeiro de 1969 (relatório nº 9)?! Havia aparecido, de forma estranha, em sequência da evolução de uma luz, cujo percurso, em grande parte, também foi fotografado naquela mesma noite. Ora, esses inexplicáveis desaparecimentos e aparições, como referido, ocorrem sobejamente na fenomenologia parapsicológica! Em nosso pequeno livro anterior, apresentamos o caso de uma aparição súbita, não só de uma criatura exuberantemente vestida de noiva, como de um objeto que ali se apresentou, sendo utilizado como anteparo: um biombo com prumos definidos e de tecido acinzentado e transparente.

Constatamos, assim, analogias que podem apontar para a teoria ou a hipótese de que os seres operadores e respectivos aparelhos, pelo menos nos casos do nosso estudo, possam viver e operar em dimensões superiores.

Se assim acontecer, terão atingido a superconsciência, sendo mais ricos de percepção e capacidade operacional, podendo surpreender, como o fazem, a nossa pretensiosa "sabedoria humana". Voltaremos ao assunto, colocando na devida posição essa hipótese, digna, é evidente, de um lugar no âmbito das possibilidades interpretativas do fenômeno DV, sem que pretenda ser ela imperativa. Na verdade, cumpre não esquecer, já viajamos à Lua e somos apenas tridimensionais!... Por que, então, não será possível que seres, como nós, com uma química ou bioquímica análogas à nossa, tri ou quadridimensionais como nós, não possam vir até aqui e exibir um conhecimento e uma técnica superiores? Não é isso que estamos planejando, de nossa parte, em relação aos demais planetas do nosso sistema solar?...

É evidente, porém, que, se provada mesmo a inexistência de vida inteligente do nosso nível ou de nível superior nesses planetas e se tivermos, em consequência, que pensar em termos de seres de outros sistemas solares ou galáxias, *tudo, tudo* se complica em termos humanos comuns. Aí, então, é inexorável o caminho, a marcha batida para outras dimensões superiores da realidade. Muita coisa haverá que ser reformulada. Será, então, uma tremenda revolução em todos os campos do saber e da técnica. Estaremos diante dessa transcendente hipótese? Voltaremos ao assunto oportunamente.

c) Fenômenos PSI e PK?

Não justificaríamos a interrogação, se implícitos não se achassem *seres não humanos.* Os fenômenos PSI e PK, que incluem telepatia, clarividência, precognição e psicocinésia, marcam, segundo já aceita a ciência, ações e interações mentais em nível humano, se bem que já estudadas, também, entre animais. Se essas ações e interações, porém, se passarem entre mente ou cérebro humanos e algo análogo, mente ou cérebro não humanos, os fenômenos serão obviamente da mesma natureza, mas traduzirão acontecimento de tal significado que revolucionará muita coisa, subverterá muitas posições cômodas, abrindo perspectivas imprevisíveis. É que isso imporá a existência operante, consciente e capaz de seres que se situarão fora da linha da evolução planetária, que a ciência e as convicções humanas admitem. Ora, temos sólidas razões para não duvidar dessa intercomunicação mental, de um campo parapsicológico atípico, inesperado, surpreendente, extraordinário. Só com o que temos verificado, oferecendo imperativamente essa certeza, parece estar justificado o esforço de nossa relativa dedicação, bem assim a nossa decisão de afrontar pejorativas referências da presunção ou da "sabedoria" ambiente, quando se subestima esses fatos levando-os à conta de crendices e fantasias, se não de faixas já enfermiças da personalidade em declínio. Não importarão, porém, esses possíveis conceitos. Não nos situaremos ao nível de preocupações secundárias, quando está à vista, à nossa captação imediata, uma realidade que não se oferece, a toda hora, à inteligência, à investigação humanas. Pelo menos, até aqui, esses fenômenos, que impõem essa realidade, têm sido sóbrios, discretos na frequência, porém, contundentes, insólitos, inegáveis. Se os temos pois, observado e vivido, comprovados com marcante exatidão, por que ser omisso, vacilante e "temeroso", quando sentimos o imperativo moral de proclamá-los? Diremos, pois, dessa certeza, depondo e analisando...

Diz o sensitivo Adelino da Rosa em seu linguajar simples: (relatório nº 8) "recebi no ouvido, acompanhado de um sinal – um *estranho ruído* – que às 21:22h., 21:50h., 22:l0h e 23h:22h., eles nos darão sinais". Como indicamos, tudo se passou cronometricamente. Um grupo de quatro pessoas testemunha. Precognição, telepatia? É claro que o cético, no que tange a seres não humanos, dirá logo: precognição. Não esquecer, porém, que o sensitivo acusou *ruído no ouvido*. No campo da parapsicologia vigente, a precognição não aparece acompanhada de "ruído". Emerge espontânea, como do mundo ainda não desvelado da intuição!... O mesmo se dá, até certo ponto, com a própria telepatia. Aqui, porém, há um sinal físico, traduzindo como que técnica diferente, visando à comunicação. Como quer que seja, está aí a parapsicologia ou, então, aquela nova parapsicologia, a que nos referimos na primeira parte deste trabalho.

A nós, pessoalmente, foi telepaticamente transmitido: "Vocês nada mais terão aqui, hoje, mas vamos dar uma demonstração objetiva na estrada"... Isso de forma incisiva, peremptória, opondo-se, até como censura, à nossa descrença pessoal naquele momento manifesta. E foi o que já descrevemos: cumprimento exato, impressionante, do que foi nitidamente captado como de alguém que próximo do local, ali perto, decidisse aquela demonstração e se dispusesse a cumpri-la, de verdade, como o fez, aliás, vinte minutos depois... Analisando, diremos: que estranha forma de precognição?!... Capituladas como tal é de se perguntar, onde, na pesquisa científica ou na literatura a respeito, se encontram precognições que não sejam pressentimentos mais ou menos fortes ou, então, provas estatísticas em que o paciente investigado se limita a dizer, a esmo, o que lhe vem à cabeça, para antecipar cartas de baralho, que se acharão, de futuro, em determinada ordem, ou números de dados que irão ser atirados?!... Pela forma por que ocorreu, como decidir por precognição este outro episódio, em que recebemos a informação "vamos dar uma demonstração na estrada" que ocorreu de verdade, com um *objeto-veículo sem rodas*, bem próximo, sob o farol do nosso carro, naquela noite úmida, escura, de 6 de maio de 1970?!... Não sendo precognição, será telepatia? Forma de audição interna, extra-sensorial? E o agente, o operador, aquele que transmite? É evidente a certeza de que só poderia ser esse agente aquele que teve a capacidade de cumprir o prometido. Algum ser humano em veículo sem roda?... Como entender e aceitar? "Não é possível entender, é absurdo. Logo, não existe, logo, não acredito". Quem assim pensa e se situa continua a viver e a dormir tranquilo? Que os "anjos" lhe velem o sono e seja feliz... Quanto a nós, nos sentimos felizes de forma diferente: procurando ver, enxergar e ir sempre adiante, num caminho em que tudo se passa como se tivéssemos à frente sempre novos horizontes, novas perspectivas, e ricas, de uma realidade maior, que pouco a pouco irá sendo desvendada pelo espírito do homem em ascensão! Como quer que seja, eis aí a nova parapsicologia incidente sobre seres não-humanos...

Também o caso do sensitivo Toufic (relatório n° 11), ostentando outra personalidade, que passa a dizer conhecer os estranhos operadores daqueles fenômenos, incisivamente, reveste, de reais e profundas conotações parapsicológicas, aqueles fenômenos de Alexânia. Exemplifica, para demonstrar a sua afinidade com aqueles operadores: "há muito que não se acende ali (e aponta o local mais alto das elevações distantes), vai se acender agora". E acendeu-se mesmo uma bela luz nos longes daquele local apontado!

Que tipo esse de precognição, com essa compulsão de certeza sobre um fato que, naquele instante mesmo, deveria acontecer? Telepatia? Sim, mas onde o agente, o operador? Um de nós ou um "inconsciente" remoto colocado perto ou nos confins do nosso planeta, como, talvez, queiram os falsos ou inocentes pregoeiros de um parapsicologismo deformado?!

Repetimos: como quer que seja, aí está o campo parapsicológico ou neo-parapsicológico, oferecido ao estudo sério, à meditação dos que são *honestos* e desejam *honestamente* servir à *verdade.*

Passemos, agora, ao que se contém nos relatórios n°s 17 e 18. Telepatia com comprovação imediata, testemunhada. Pede-se comprovação (relatório n° 17), insiste-se em que, possivelmente, aquela transmissão seria fictícia. Vem a prova pedida do diálogo mental com "alguém" pois, bem próximo ao grupo, acende-se a luz fosca, de colorido variado. Quem seria ou *o que* seria que ali pudesse demonstrar poder realizador? Algum humano? Sem fonte de energia, sem aparelhamento, sem recurso naquelas paragens? Seria até o caso de desejar que já tivéssemos nós, homens, tal capacidade!... Analogamente, no caso do relatório n° 18: Telepatia envolvendo explicações a respeito do uso das projeções luminosas (o sensitivo de olhos fechados, incapacitado para abri-los, apesar de superconsciente), confirma-se, naquele instante, por várias dessas projeções, sendo que uma delas, de luz azul claro muito bela, vindo de distância presumível de três a quatro kilômetros e iluminando o grupo ali reunido. Como explicar essa sintonia do sensitivo, ali posto, com aquele *poder de fazer* e, também, *poder de relacionar-se e perceber*, virtudes essas implícitas no contexto daqueles

A Parapsicologia e os Discos Voadores

fenômenos luminosos então ocorrentes? Parapsicologia? Sim, e muito mais ainda, que desejaríamos concluísse o leitor, ou melhor, intuísse, em bem de uma vista maior que se possa abrir para a sua mente, o seu espírito aspirante à verdade...

Finalmente, para não nos estender demasiado, um caso também incisivo, de alto valor, a nosso ver, comprobatório de que, em verdade, há mais do que precognição, uma sintonia telepática com seres, agentes ou operadores, que se achem no governo daqueles fenômenos. É o quase encontro no relatório nº 12. Foi dito, logo ao anoitecer, pelo sensitivo Adelino de Rosa, ou por uma personalidade qualquer outra que a dele (?), ou *algum não humano* por seu intermédio: "hoje, quando começarmos, iniciaremos por ali" (e aponta a extremidade esquerda do pequeno bosque abaixo) "subiremos aquela encosta..., dando sinais luminosos... e nos dirigiremos para cancela. Daremos ali três sinais e vocês poderão ir para um contacto conosco"...

Isso bem antes das 20:30h, quando passam a cumprir exatamente o anunciado! Cumpriu-se tudo com as minúcias dadas, cerca de uma a duas horas antes!...

Essa impressionante exatidão com a sucessão precisa dos fatos, conforme depoimento constante do relatório referido, será compatível com precognição, faculdade específica, puramente humana? Ou apontará para algo mais: uma comunicação telepática daquele agente ou operador capacitado para executar o prometido e que cumpriu precisamente o percurso previsto, nas condições de projeção de luz também preditas? É evidente a limitação da primeira hipótese e a propriedade dessa segunda, conduzindo inexoravelmente, pelo menos, à bem maior probabilidade da presença operante de um agente não humano, que houvesse estabelecido aquela sintonia com o sensitivo. De fato, se possuía tal poder de fazer o que fez, sob a vista de quatorze pessoas, por que admirar possuir também aquele poder de comunicar?!...

Eis aí, mais uma vez, a nova parapsicologia que anunciamos.

Deixamos aqui de considerar, com qualquer minúcia, a clarividência e a psicocinésia, de vez que não possuímos elementos explícitos, próprios à análise, à forma por que vimos fazendo. Isso particularmente em referência à clarividência,

194   A. Moacyr Uchôa

que, em princípio, possui certos relacionamentos com a telepatia, sendo ponto delicado de experimentação parapsicológica distinguir entre esses dois fenômenos. Pois não seria a telepatia uma *vidência* ou *clarividência* do fenômeno *pensamento*, agora considerado como "coisa" passível de ser vista? As fotografias de formas-pensamento obtidas por Ted Serious em Denver não estão mostrando essas possibilidades da contextura energético--material do pensamento? Quanto à psicocinésia, cuidamo-nos também em não insistir, devendo apenas salientar que toda essa fenomenologia, como um todo, parece indicar o extraordinário poder da mente sobre a manipulação da matéria, ostensiva nas coisas que tomam formas subitamente ou em certas luzes ou luminosidades que aparecem e desaparecem como sob comando de uma vontade, a serviço de uma capacidade de decisão cuja natureza estamos procurando melhor conhecer.

CAPÍTULO X

Opções em face da problemática dos Discos Voadores

Até agora, não há negar, o problema dos DVs, se constitui em substancial interrogação. Chega-se a dizer: *é o enigma do século*. Realmente, são tais e tão transcendentes ao conhecimento atual as implicações que lhe estão subjacentes, que o pensamento humano *para* e fica perplexo face ao que nele sente escapar à compreensão e interroga, interroga...

É bem evidente que não teremos a pretensão de trazer qualquer contribuição de real valia para a melhor compreensão do fenômeno DV. Todavia, a discreta vocação, que desde jovem nos caracterizou, para lidar com o fenômeno metapsíquico, parapsicológico, não como alguém de fora, mas como partícipe dessa fenomenologia surpreendente, nos levou, afinal, a esse outro campo, com a felicidade de nos encontrarmos como no ambiente próprio da discologia ou ufologia, tais as oportunidades de observação e vivência de fatos do seu também surpreendente campo.

Todavia, com a nossa formação racional, de tônica científica mais ligada ao cultivo da matemática, da mecânica racional e da física, temos o hábito de procurar dispor, logicamente, os conceitos em um contexto coerente, firme. Procuraremos, pois, neste capítulo, esboçar um conjunto de opções que se abrem, todas elas, porém, com as suas razões, a sua lógica, como também, os seus aparentes graus de probabilidade e possibilidade.

1) *Tudo se passaria no contexto do continuo espaço-tem-*

po tetra-dimensional.

Nesse caso, pelo que conceituamos como supranormal, toda a fenomenologia ufológica *seria normal,* não obstante insólita, inabitual.

Mais tempo, menos tempo – e isso é o que a formação científica espera e exige – essa técnica implícita no chamado "disco voador", para ser construído, para deslocar-se de tão espantosa forma, estaria por desvendar-se sem quebra dos conceitos básicos da ciência atual sobre força, energia, massa, espaço e tempo.

Para isso, mister seria atingir um conhecimento extraordinariamente superior de física, não só de ótica e mecânica como nos seus demais campos, como sejam: eletromagnetismo, gravitação, radiações de toda natureza, e até suspeitamos, o éter (ou pensamos talvez tocados de intuição, *os éteres*) apenas pressentido em sua realidade, realidade porém já ostensiva como um meio na estrutura puramente matemática de mecânica ondulatória.

De forma análoga, diríamos estarem certamente implícitos elevados conhecimentos de biologia, envolvendo os delicados problemas de adaptação do ser a novos ambientes, tudo isso na linha que os nossos procedimentos de pesquisa já indicam na preparação que estamos fazendo, nos seres humanos, para também sairmos da Terra.

Quanto à física, as nossas observações exigem, para explicá-las, uma perfeita técnica de invisibilização e visibilização (relatórios nº 14 e 16). No contexto da conjuntura mundial, isso corresponderia à forma repentina com que desaparecem objetos à vista comum e sob o controle do radar. Na realidade, há deslocamentos em velocidades extraordinárias, que têm sido avaliadas por observadores capacitados, bem acima das nossas possibilidades normais. Têm sido observadas em várias oportunidades na conjuntura mundial, outrossim, paradas súbitas, quando aquele objeto se acha em velocidade altíssima, o que faz pensar seriamente nos problemas de aceleração e desaceleração, tendo em vista, também, a tomada repentina de inimaginável velocidade. No conteúdo dessa hipótese de *normalidade* (isto é, o fenômeno DV passar-se no contínuo espa-

ço-tempo, conforme conceituamos), envolvendo fenômenos, na verdade, ainda inacessíveis ao nosso conhecimento, mas com perspectiva de desvendar-se, temos que perguntar como nos situarmos perante o problema das origens:
– Seres do nosso próprio sistema solar?
– Seres de outros sistemas da nossa ou de outras galáxias?

A) Seres do nosso próprio sistema solar?

Obrigados a procurar fora do planeta a origem dos DVs, evidentemente temos que pensar, em primeiro lugar, nos vários planetas do nosso sistema. A investigação científica, porém, até aqui se inclina, em definitivo, para a negação de vida, pelo menos no grau de nobreza que seria necessário, em qualquer dos planetas do nosso sistema. De fato, já se pode, com os recursos de que dispomos, saber que não há condições de pressão, temperatura e umidade para a existência de tal vida. É bem verdade que raciocinamos em termos de uma bioquímica cuja raiz ou base se encontra na magia do carbono.

É que a tetravalência desse elemento propicia praticamente um infinito de possibilidades organizacionais das moléculas "gigantes" ou mais discretas em que, a ciência mostra, começa a eclodir a vida. Daí para a frente, tudo se passaria à base de cibernética divina, em processos multiplicadores e ajustadores às formas que virão à existência pelo desenvolvimento. Ora, é de perguntar-se: um outro elemento tetravalente (já se tem ponderado isso), o Si (silício) por exemplo, em circunstâncias ambientais diferentes, não poderia, também proporcionar essas maravilhosas cadeias de compostos orgânicos, conduzindo a organismos diferentes, para condições diferentes? Por que, então, sumariamente afirmar não existir vida, só pelas diferenças ambientes de pressão, temperatura etc....?

Quanto ao lado técnico no que respeita a poderem chegar até aqui, o progresso que na Terra temos feito, inspira a possibilidade de fato análogo em outros planetas do nosso sistema solar. Apenas, por uma razão de idade cósmica, já estariam mais avançados e viajariam com velocidade dezenas ou centenas de vezes maior que a do som, porém, muito pouco abaixo da velocidade da luz. Assim nos poderiam visitar, resolvidos os problemas da propulsão, que, para nós, em relação a eles, constitui um efetivo "mistério". Realmente, ficamos a pensar, de início, em meios que chamaríamos *convencionais*, resumidos, assim, em interessante trabalho do Eng° Alberto Martino, apresentado em setembro de 1971, em São Paulo, durante o 4° Colóquio Brasileiro sobre Objetos Aéreos não Identificados, realizado sob os auspícios do IBACE, ABECE e CBPCOANI:

– Reações térmicas
– Reações nucleares
– Emissão de íons (campos eletrostáticos)
– Emissão de fotons
– Emissão de plasma (campos magnéticos).

Em decorrência de pesquisas já efetuadas no campo da nossa tecnologia, lê-se ainda nesse interessante trabalho, "será conclusão lógica desses estudos que nenhum dos processos de propulsão seria suficiente para explicar os fatos observados?"

Como *meios não convencionais*, já passíveis de serem pensados, aponta esse trabalho: – psicocinesia; materialização de energias psíquicas; ilusões propositadamente provocadas por extraterrestres; e ainda: hiper-espaços; hiper-drive (velocidade superior à da luz); viagem no tempo.

Acrescenta, porém, com justo senso da conjuntura atual: "Não há meios, no presente estado de conhecimentos, que permitam especular sobre as tecnologias que tornariam possível a propulsão de objetos em tais condições. A simples aproximação da velocidade da luz criaria paradoxos insuperáveis"

Todavia, essa necessidade de velocidades beirando à da luz ainda incidiria sobre admitir-se sejam os DVs do nosso Sistema Solar, pois de qualquer outro sistema, o mais próximo – o de *Alpha Centauro* – exigiria, mesmo com a velocidade da luz, mais de quatro anos de viagem! E isso é verdade segundo o nosso conceito e experiência sobre tempo! A teoria da relatividade nos põe no caminho da contração ou distenção "relativas" de tempo, assunto atualmente de alto interesse especulativo e, talvez, prático no futuro. Foge, porém, a este trabalho filosofar ou discutir essa tese. Apenas, devemos apontar a existência dessas perspectivas postas pelo gênio de Albert Einstein à nossa "pobre" vista de *humanos* ansiosos por compreender... ou intuir conhecimentos sobre certas faixas sutis da realidade.

Finalizando estas considerações, diremos que, ao nível da ciência atual, estamos rigorosamente sem saída para o problema DV. E que se afirma peremptòriamente: segundo tudo indica, os dados colhidos e rigorosamente trabalhados apontam para a não existência de seres do status humano ou superior em qualquer dos planetas do nosso sistema. Ora, o DV existe, é fenômeno de realidade indiscutível. Qual, então, a opção que adotaremos, no campo estrito da ciência? A que acabamos de ver seria impossível, isto é, provirem de planetas do sistema, simplesmente porque neles não há vida nobre, de seres autoconscientes, altamente desenvolvidos intelectual, psiquica e espiritualmente. E que dizer da outra opção a considerar, desde que estamos "contra a parede", enfrentando algo *absurdo*, *impossível*, porém real?

B) Seres de outros sistemas da nossa ou de outras galáxias.

Essa hipótese é, não há dúvida, cientificamente, mais inverossímil que a precedente, em face do problema da velocidade. De fato, como admitir e explicar objetos com a velocidade igual à da luz e até necessariamente superior, para transpor tais espaços e em que condições, isso segundo os nossos padrões científicos? Há que enfrentar, então, esse problema, pelo menos provisoriamente: por qual das "impossibilidades", no momento, opinar:

a) Vida nobre de seres autoconscientes no âmbito do nosso sistema solar, capazes de operar os DVs?

b) Vida desse alto status extrasolar, com a mesma condição de seres que assim se projetem para a Terra ou para planetas do nosso sistema, provindos das imensas distâncias de outros sistemas da galáxia em que todos nos situamos? E a opção ainda mais interrogativa, se pensarmos em outras galáxias? E se, ainda, nos sentirmos inspirados a falar em outros universos, admitindo, como Einstein, a limitação apesar da indefinição do nosso próprio Universo?!...

Na realidade, essa possível limitação chega a abrir ao espírito essa infinita perspectiva.

c) Outros possíveis universos, escondidos ainda nos espaços sem fim! Teremos direito de pensar tão alto? A informação relativista assim autoriza, desde que permite perguntar sobre o que estaria além desse *limitado indefinido*, ou melhor, desse não *infinito,* mas *indefinido*, que seria o Universo em que nos situamos, apesar da imensidade do número de suas galáxias?!...

O diâmetro deste nosso Universo seria mesmo em torno de 300.000.000 (trezentos milhões) de anos-luz, como indicaria a relatividade?!... Nesse caso, poderíamos pensar em que um número já imenso de galáxias pressentidas nas delicadas captações da radioastronomia já pertenceria a outro ou outros universos que não o nosso?!...

É evidente que o espírito humano tem que *parar*, perplexo face à vertigem de infinito que se lhe põe à frente. E ficará ainda mais surpreendido, atônito, em culminante perplexidade, e mesmo impossibilidade, se houver que compreender como seres desses globos tão distantes podem chegar até nós!

Haveremos então que interrogar:

Optar por essas origens tão distantes para os DVs? Quem poderá responder e permanecer tranquilo? O ignorante ingênuo o poderá fazer. O homem de ciência *não e não*. Responderá: nada disso é possível. Todavia, haverá que solucionar o grande enigma da presença dos DVs! Voltar à hipótese de origem no nosso sistema solar? Mas se ele já está seguro (estará mesmo?) de que não *há* vida nobre em outros planetas do nosso sistema? Ficará, então, sem solução esse grande enigma? Por ora, nos moldes da posição estrita e justificadamente rigorosa do pensamento científico, a resposta será *sim*. Não há solução. Todos os condicionamentos de velocidade e distâncias, de sistemas energéticos de propulsão e os problemas subjacentes pelo espaço próximo a nós ou na imensidão das galáxias mais remotas, tudo concorre para indicar e afirmar: Sim. Cientificamente, na conjuntura atual do conhecimento humano, *não há solução.* E não haverá solução, depreende-se, enquanto não houver a abertura maior que a parapsicologia vem sugerindo, quando, libertando-se das deformações que o pensamento sectário religioso ou científico lhe quer, a todo custo, impor, mostrar que o *extra-físico* que já afirma, pela corajosa palavra do professor Rhine, poderá ampliar-se às alturas de uma realidade maior, de nível essencialmente mental, que porfiamos por inferir lógica e seguramente no nosso trabalho já tantas vezes citado, *Além da Parapsicologia*. Essa inferência, aí, se verá claramente exposta nos seus últimos quatro capítulos, como uma consequência da análise de fatos próprios do campo parapsicológico então apresentados. Estudam-se, ali, outras duas dimensões da realidade, as quais pertenceriam a uma vivência em nível superior etérico ou mental.

Feitas essas referências, parece-nos ser oportuno prosseguir o nosso estudo nos termos que se seguem, em que consideraremos a existência dessas outras dimensões daquela realidade maior, que, de certa forma, nos poderá propiciar certas possibilidades de compreensão para, pelo menos, certa gama de fatos no campo dos DVs. Constituirá o que exporemos, finalizando este livro, um ensaio de aparência teórica, mas que tem raízes bem plantadas no campo infinitamente rico de fenomenologia parapsicológica, já atualmente bem considerado em dezenas e dezenas de institutos de ensino superior de universidades credenciadas dos países mais avançados, entre os quais destacamos os Estados Unidos da América, a Inglaterra e a Rússia.

Aliás, foi com esse objetivo de aqui procedermos a esse estudo que apresentamos, na primeira parte, um resumo contendo referências a fatos marcantes a esse campo e complementamos os subsídios, que nessa primeira parte achamos necessário, com aquele capítulo intitulado "Novos planos dimensionais".

2) *Os fatos apontariam outras dimensões: hiperespaço; hipertempo.*

Conforme inferimos em trabalho anterior, caracterizam-se *hiperespaço* e *hipertempo* pela liberação do espaço e do tempo, nos termos em que os conceituamos. Na linha dessa liberação de dimensões inferiores, passamos a não ter surpresas quanto a deslocamentos aparentemente instantâneos, como, às vezes, ocorre com os DVs e, também, quanto à invisibilidade

202   A. Moacyr Uchôa

de objetos e seres, tal o que se nos oferece à observação na experiência parapsicológica, sobre cujo campo apresentamos básicas informações na primeira parte.

É bem de ver que o que insinuamos nada tem a ver com posições místicas de crenças em "outro mundo", de espíritos da natureza que se revelam, podendo até, segundo a tradição infantil do período mítico da nossa humanidade, usar estranhos veículos. Não obstante isso, porém, trabalhos apreciáveis, ultimamente, têm apontado para a antiguidade dos DVs, assinalando-os desde um passado histórico bastante remoto, inclusive presente na tradição bíblica e nas crenças religiosas de povos orientais.

Voltando ao caso Alexânia, centro do nosso estudo, não há como desconhecer nele conotações ligadas ao problema dessas possíveis dimensões superiores, haja vista o caráter súbito da aparição e desaparecimento de luz ou de objeto, este de densa materialidade, a ponto de deixar marca sobre o solo como sugerindo peso de toneladas (foto 12, p. 208). Realmente, certa noite, planta-se, no solo duro das proximidades do triângulo de observação, objeto com um tríplice e estranho apoio, deixando marca profunda, que perfazia rigoroso triângulo isósceles, visto pela sra. Cacilda Torres Dantas, esposa do dr. Jarbas Torres Dantas, capitão médico de Aeronáutica, a apenas cerca de 20 a 30 metros de distância. Ficara ela no automóvel, o nosso grupo um tanto à frente. Aquela "coisa" chega sorrateiramente, pousa, deixa a marca, quando então se torna visível e a seguir desaparece. Tudo isso em segundos. Todo o grupo voltado para umas luzes à frente, nenhum dos seus componentes a viu!

A impressionante marca lá ficou, difícil de ser imitada, naquele solo pedregoso!... Onde o objeto? E o seu deslocamento e o seu peso? Aquela coisa viria à existência por "geração espontânea" – que lógica assim indicaria? Abstração... deixando tal marca com tanta evidência? E o objeto de bem maiores dimensões que assinalamos no relatório nº 16, que aparece e desaparece e torna aparecer ali bem perto de nós, exibindo impressionante iluminação naquele escuro de uma noite pesada?... Aquilo, pleno de agressividade, materialidade, desfazer-se à vista e densificar-se em desafio a qualquer técnica humana!... É fácil resolver casos como esses apontados e aquele outro do relatório nº 14, em que um veículo sem rodas súbito aparece e, rápido também, se envolve em névoa cada vez mais densa e desaparece!... Coisas do "outro mundo"? Possíveis fantasias, alucinações em plena vigília de uma viagem em estrada mal conservada, por parte de várias pessoas?!... Só a experiência, e não as elocubrações cômodas de quem não participou do fato, poderá falar. *Objetos*, podemos inferir, e *operadores*, como nos outros casos, existindo e atuando em novas dimensões, e superiores, da realidade?!... Mostram eles, nessa insólita fenomenologia:

1º) que podem descer e operar na tridimensão espacial em que estamos, condicionados, então, certamente, ao nosso tempo, como fez o tal veículo sem roda à nossa frente, por mais de 15 minutos!

2º) que têm recursos de poder mental para anunciar silenciosamente o que vão fazer;

3º) que decidem e podem cumprir e cumprem suas promessas.

Algo "milagroso", contos de "fadas", fantasias, embustes? Assim pensem os satisfeitos e tranquilos "sábios", que jamais tiveram experiências como essas e que se neguem a aceitar ou a crer em honestos depoimentos de pessoas normais, autênticas e responsáveis.

Nesse ponto das nossas considerações, é de ressaltar-se o valor da concomitância de uma variedade às vezes muito rica de tipos de manifestação, que vão desde a densidade da matéria física dos objetos, pelas várias nuances de névoas luminescentes e luzes muito belas, intensas e multicoloridas, até às demonstrações de impressionante segurança nas transmissões mentais que se confirmam objetivamente, como tantas vezes comprovamos. É o que ocorre com o excepcional sensitivo Adelino da Rosa, principalmente, e também com as nossas próprias experiências, em que temos comprovada a certeza de que nos entendemos telepaticamente de forma irrefutável, indiscutível, como se encontra bem claro nos relatórios nos 14, 17 e 18.

Posto isso, a lógica inexorável conduz a pensar na forma de existir desses operadores de alto padrão que se escondem atrás dessa realmente impressionante "mensagem de demonstração" que, não há negar, se revela nos relatórios que apresentamos. Demais, é evidente, haveremos de concordar em que essa "mensagem de Alexânia" constitui apenas quase infinitíssima partícula da "Grande Mensagem" que parece dirigir-se à nossa humanidade por todas as regiões, continentes e países. Essa grande mensagem se resumiria no simples pensamento contido na primeira manifestação dos operadores de Alexânia, quando disseram em linguagem escrita, sem letra:

"Paz a todo o Universo... As experiências nucleares humanas estão abalando o nosso sistema". Paz, votos de paz e presença de sóbria e solene advertência! Onde estarão juntos ou distantes de nós esses que assim falam e agem e atuam aqui e ali sobre campos e cidades?

Até aqui, nenhuma resposta.

Eles pouco informam e, quando dizem algo, se desinteressam por comprovar: "marcianos" e "jupiterianos", de Vênus ou Plutão, ou até da constelação de Orion, nada disso importa à verdade, pois não se empenham em diálogos elucidativos e não mostram qualquer interesse, até aqui, em esclarecer-nos. Tal a posição dos operadores de Alexânia e, parece, dos que atuam por toda a parte.

Admitindo, porém, a possibilidade de serem realmente, de outras dimensões, com poderes manifestos de atuarem lá, ou aqui na tridimensão, representariam eles estágio à frente, em relação a nós, na ascensão evolutiva. Por-se-ia, então, ainda a dupla interrogação:

a) Seres ainda terrenos?

b) Seres extraterrenos do nosso ou de outros sistemas? Galáxias ou Universos?

A) Seres ainda terrenos?

É absolutamente estranho que, postas bem claro as impossibilidades humanas não só para construir e operar os DVs, como até para apenas compreender ou explicá-los, ainda se faça tão esdrúxula hipótese, qual a desses seres pertencerem à Terra. Isso é aparentemente absurdo e é, de verdade, absurdo inaceitável, face à evidência, se nos considerarmos apenas no contínuo espaço-tempo em que supomos achar-se contida toda a realidade. Todavia, a perspectiva será outra, uma vez aceitas as outras dimensões de que já tratamos. E é de acentuar-se o que já assinalamos, quando indicamos não ser a existência de outras dimensões uma hipótese fantasiosa, gratuita, de vez que se poriam no *âmbito* do *extra-físico*, que a experiência parapsicológica sugere e afirma.

Sendo assim, não obstante o estranho, agressivo e insólito dessa hipótese sobre os operadores de DVs (e aqui nos referimos, pelo atípico de grande parte da fenomenologia observada nos de Alexânia), quanto a existirem e atuarem normalmente em outras dimensões, ela tem já bastante lastro da parapsicologia, nas várias gamas dos diferentes fenômenos que indicamos na parte introdutória deste trabalho. São formações nevosas mais ou menos luminosas, mais ou menos definidas em formas, são luzes foscas ou brilhantes, faróis que se acendem belos e intensos, são objetos que se apresentam com a plena materialização de suas típicas formas, são evoluções de focos de luz que se deslocam rapidamente com clara intencionalidade, principalmente quando atendem a solicitações, tudo, tudo isso bem patente, em ponto pequeno, na fenomenologia, em ambiente restrito, da experiência parapsicológica. Temos de tudo exaustiva experiência de mais de 25 anos de persistentes trabalhos, cujos frutos se encontram expostos no já citado livro de nossa autoria.

Sendo assim, temos condição de afirmar:

Não é nossa convicção absoluta, mas achamos muito possível que esses operadores e esses objetos pertençam a um âmbito superior de realidade mesmo física, mas já condicionado pelas dimensões que inferimos: *hiperespaço* e *hipertempo*. Os seres aí existentes e operantes seriam de constituição física não igual à nossa, governada pelo carbono. Seriam de matéria em estado, vamos dizer, *etérico*. Fantasia? Não. Experimentação científica, quando se materializam seres ou coisas que tudo indica possuírem formas que são preenchidas pela substância ectoplásmica, isso nos ambientes de pesquisa metapsíquica ou parapsicológica. Procuramos, em nosso trabalho anterior, o *ser* que assimila essa substância e isso o fizeram os grandes experimentadores que citamos na primeira parte, destacando-se W. Crookes com o mais famoso caso, o de Katie-King. E um só, diga-se, *realmente provado, seria suficiente para poder estender-se ao infinito...* Antes de se materializarem na tridimensão, esses seres viveriam em estado de matéria sutil, a que denominamos etérico. Vê-se, assim, o fundamento experimental da aparente, repetimos, esdrúxula hipótese que ora analisamos.

Admitido, então, esse etérico da matéria (que aliás, a física nuclear, no capítulo mecânica ondulatória, já, pelo menos teoricamente, mais do que pressente, afirma), aqui sugerido e afirmado pela experimentação parapsicológica, insistimos, possuiria a própria Terra, faria dela parte essa matéria sutilíssima que interpenetraria a sua parte sólida e se estenderia para o exterior, atingindo e penetrando os outros planetas do sistema e, provavelmente, ampliando-se, ampliando-se até abarcar todos os sistemas e galáxias. Seria essa matéria a condição primeira e a razão das possibilidades ondulatórias que se traduzem, afinal, nas frequências vibratórias já tão estudadas na eletrônica. Fiquemos, contudo, por aqui...

Concluímos: essa matéria poderia oferecer, ela própria, várias formas de ser, isto é, vários níveis de expressão. Constituiria, em suas várias modalidades de adensamento ou sutilização progressiva, os corpos desses seres mais elevados do que nós, que viveriam assim, nesse ambiente etérico. Poderiam, analogamente ao que se passou conosco, necessitar de veículos e construí-los, lançando mão do rico material de que disporiam, para além da matéria que nós homens conhecemos e utilizamos para construir os nossos próprios veículos. É o que fizemos do carro de boi ao jato. Por que, em outro nível, ser impossível haver hierarquia de realizações dessa ordem, explicando-se os vários tipos de objeto que porventura já tenhamos observado?

Esses seres gozariam de um estado de superconsciência – ampliação da consciência que nós homens possuímos e, em consequência de suas condições de conhecimento científico e capacidade técnica, nos assombrariam, como fazem com as suas demonstrações de domínio de energias e processos de execução, que os põe muito longe, à nossa frente.

Foto 12 – "Junto desta árvore, ficaram as três marcas relativamente profundas, deixadas naquele solo pedregoso e formando um triângulo isósceles de 1,20m de base por 2,05m de lado." O general Uchôa está postado no vértice e dois jovens amigos, nos vértices da base daquele triângulo. (v. texto à p. 203.)

No quadro do que fica exposto, eis que havemos de concluir afirmativamente quanto a poderem ser terrenos esses seres, com essas capacidades maiores que vêm demonstrando. Viveriam e atuariam no ambiente etérico da terra.

Por outro lado, o que vimos de expor sobre essa condição etérica da matéria, estamos em condições de estender (este nosso estudo – comentário) à hipótese que se segue.

B) Seres extraterrenos?

Seremos aqui muito breves. Na hipótese anterior que acabamos de analisar, figura a consideração de tal matéria etérica poder estender-se aos espaços planetários, estelares ou galáticos. Ora, sendo assim, é de supor-se, com fundamento lógico e evidente, que possa haver uma facilidade de intercomunicação extraordinária entre os seres desse mesmo nível vivencial: ambiente físico etérico e focalização de *consciência*, agora, uma *superconsciência*, no *hiperespaço* e no *hipertempo*.

Dessa forma, haveria uma como que união nessa condição etérica, que faria, talvez, perder sentido a especificidade planetária, quanto à estada daqueles seres aqui ou acolá. Eles atuariam ou estariam em qualquer desses planetas ou sistemas, desde que o desejassem, em consonância, naturalmente, com adequados próprios estados desse "mundo" etérico neste ou naquele globo, deste ou daquele sistema.

Confessamos ser demasiado ampla essa perspectiva. Aqui fazemos apenas a apresentação dessa maravilhosa perspectiva, que acaba permitindo dizer: – seres terráqueos poderiam estar e atuar em Marte ou Plutão; seres marcianos ou jupiterianos poderiam estar aqui, como se fossem terráqueos.

Onde estará a verdade sobre os discos voadores?

Seres do mundo da nossa química, análogos, pois, a nós, em outro planeta próximo ou remoto? A ciência diz:"Não é possível."

Seres de outras dimensões, que a parapsicologia, com letra maiúscula, já deixa antever e até, de certa forma, já fundamenta e, nesse caso, terráqueos ou extra-terrenos?

Como fixar a nossa opinião, afinal? É o que faremos na *Conclusão*.

A Parapsicologia e os Discos Voadores

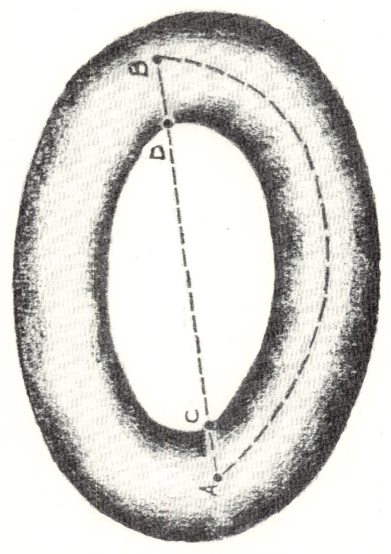

Fig. 8 – O toro poderia representar o Espaço. (Cápitulo XI).

Capítulo XI
Conclusão

Não pretendemos imbuir-nos de qualquer responsabilidade científica, de vez que somos apenas um simples ex-professor de mecânica-racional, isto é, mecânica teórica, coroamento do instrumento matemático, para melhor adequá-lo a penetrar os arcanos da física. Por isso, sobra-nos liberdade para opinar segundo os caminhos da nossa própria lógica e intuição.

É bem verdade que sempre procuramos que elas tenham raízes objetivas e inspiração maior na realidade fenomênica que observamos. Adotamos aquela afirmação, que a lógica e a intuição confirmam: *há mais valor, mais conteúdo de verdade em um fato apenas definitivamente claro, insofismável, autêntico, que em muitos volumes de informações fugidias, apenas livrescas, que se nos ofereçam.* É preciso viver uma realidade para que ela se torne íntima, decisiva e, então, inspiradora. Temos vivido algumas delas, incisivas e, em consequência, repetimos, inspiradoras. Por isso, escrevemos este trabalho e o concluímos, afinal, apresentando as seguintes e finais considerações, que pretendem encontrar fundamento em tudo o que temos observado em ótimas condições de ajuizar e, neste livro, procuramos apresentar de forma clara e simples. Não manteremos qualquer reserva que a justa timidez e o receio do "juízo pejorativo" pudessem aconselhar. Seremos, pois, livres de restrições de qualquer ordem e indicaremos, afinal, encerrando este trabalho, a nossa posição. Vejamos:

1º) Pelo estudo que acabamos de fazer, havemos de concluir pela impossibilidade de qualquer afirmação definitiva sobre o "enigma DV", no que respeita não só às suas origens, como, também, condições de ser dos seus operadores, e, ainda, sobre o sistema de propulsão que lhes permite visitar-nos. Se podem permanecer tempo indeterminado conosco, é problema a considerar esta adaptação a ambiente diferente do que lhes é natural.

Na hipótese do DV provir ou ser de outro planeta do nosso sistema solar, hipótese que, apesar dos dados da ciência, ainda esperamos, ser a mais provável, dentro do senso de medida que o espírito científico impõe, *essa ou essas civilizações extra-terrestres*, além de conhecimentos para eles possíveis e, ainda, para nós, nem pressentidos, haveria ou haveriam, por exemplo, trazido à realidade prática, ao campo da aplicabilidade técnica, com certeza, a teoria dos campos unificados de Einstein. Desta forma, apropriando-se desse conhecimento e das teorias correspondentes, teriam dominado a intimidade da gravitação em suas relações ainda, para nós, um tanto obscuras e nada controladas, em conexão com os campos eletromagnéticos, ou, quiçá com o eletromagnetismo (?) do estado plasmático da matéria e conseguiriam uma para nós inimaginável capacidade e flexibilidade, quanto à apropriação e utilização da energia necessária a esses percursos interplanetários ou inter-estelares.

Poderiam também utilizar formas energéticas ainda para nós veladas, possivelmente ligadas aos raios cósmicos ou, ainda, condicionamentos afins a uma possível como que pressão cósmica. Essa conjuntura cósmica, uma vez estudada e controlada, levaria à possível formação do vácuo cósmico, através do qual como que se precipitaria a nave interplanetária ou inter-estelar, traçando-se as trajetórias, evidentemente, mediante sistemas de controle de direção e de sentido orientados para o objetivo a atingir – planeta ou sistema.

É bem claro que a esse procedimento para os espaços siderais, aparentemente vazios, seriam acrescidas técnicas próprias a percursos no meio atmosférico, formando-se por intermédio de campos de repulsão à frente da nave, outros tantos vácuos, agora na matéria ambiente mais densa, verdadeiras linhas de menor, ínfima ou nenhuma resistência, através das quais se precipitasse em inaudita velocidade controlada, a nave interplanetária. Haverá, nessas hipóteses que fazemos, algo de verdade? Temos bastante razão para admiti-las, mas, sem querer fazer "suspense", apenas por senso de uma responsabilidade até certo ponto assumida conosco próprios, em face de determinadas circunstâncias, deixamos de lado justificativas sem maior valia. Aliás, o que acabamos de dizer harmoniza-se, não colide com o que escrevemos anteriormente sobre os campos unificados.

Na verdade, tudo isso que dissemos, implicando o meio cósmico, que somaria ou integraria o fluir da radiação cósmica, indica constituir ele um *substratum* dos campos atualmente estudados e alguns bem controlados já pela nossa incipiente ciência, em seus arrojos de investigação particularmente sobre a infra-estrutura do átomo, ou melhor, sobre o comportamento do já elevado número de partículas elementares, que lhe condicionam a existência.

2º) Na linha das considerações anteriores, concluir-se-á, de imediato, que a nossa posição se ajusta a uma perspectiva rigorosamente científica que, ultimamente, mais e mais, e celeremente, se amplia. Achamos mesmo que, dessa forma, possivelmente em futuro próximo, o "enigma DV" possa bem esclarecer-se e julgamos muito, muito mais provável que não precisemos sair do Sistema Solar, para termos desvendada, pelo menos, a maior parte dos "mistérios" que se encerram na problemática dos DVs.

Os casos mais frequentes na conjuntura mundial, objetos de várias formas que se mostram límpidos, metálicos, emitindo luzes de várias cores, ora dominantemente circulares, lenticulares ou fusiformes, de menores dimensões, ora de grande tamanho, em forma de charuto, que se supõe caracterizar as naves-mães, já tantas vezes vistas e até fotografadas (esboço interessante de uma delas vemos na foto 1), aqueles casos de captação no radar, como o célebre caso que indicamos dos 14 objetos sobre Washington (primeira parte), como também aquele muito famoso da caça empreendida nos espaços acima de Greenwich (Inglaterra), em que, no radar, tudo se acompanha, único caso aliás, diga-se, que a Comissão Condon reconheceu impossível de explicar, identificar, tudo isso poderia ser compreendido no con-

A Parapsicologia e os Discos Voadores

texto da perspectiva que acabamos de indicar, limitando-nos ao nosso Sistema Solar. Os operadores dos DVs, nesse caso, seriam normalmente densos como nós. Os objetos seriam evidentemente construídos à base de conhecimentos muito avançados, com material preparado com alta técnica especializada, para resistir a todas as dificuldades desses vôos, tornados possíveis, devido a esse imenso avanço tecnológico. Tudo se passaria, enfim, no contínuo espaço-tempo. Nada supranormal.

3º) Não obstante o que acabamos de dizer, não é possível subestimar as perspectivas que apresentamos de "seres e coisas" de outra ou outras dimensões, estudo que fizemos com fundamento no que a parapsicologia oferece, quando estatui o *extra-físico*, que nós chamamos *etérico*, e, a seguir, *mental*. Digamos, porém, que para nós o etérico ainda é físico.

Esta hipótese passa a ser quase impositiva, provada a inexistência de habitantes em outro planeta do Sistema Solar. Por outro lado, independentemente desta inexistência, como vimos, passa ela, também, a credenciar-se, admitindo-se vida autoconsciente de seres de *constituição etérica*, conforme expusemos, no ambiente terráqueo também dessa natureza etérica, isto é, em outro nível ou estado da matéria do nosso próprio planeta. Isso, também vimos, seria possível, outrossim, para os outros planetas do Sistema Solar ou para outros extrasolares.

Posto isso, no caso Alexânia, sem excluir o que precedentemente concluímos sobre a maior probabilidade de tudo explicar-se no contínuo espaço-tempo, âmbito tranquilo do normal, que a ciência ortodoxa faz tudo por conquistar, integralmente, penetrando os seus arcanos mais remotos, aceitamos a possibilidade de estar presente o supranormal, isto é, o "além contínuo espaço-tempo" de inspiração parapsicológica. Na oportunidade própria, já salientamos as razões dessa nossa posição, mostrando naquela fenomenologia – em ponto grande, no campo aberto de uma fazenda e de suas vias de acesso, a mesma forma de manifestações dos ambientes fechados da experimentação metapsíquica, parapsicológica. Por isso, concluímos, afinal, com as seguintes alternativas prováveis para o caso de *Alexânia*, que possui conteúdos análogos aos de uma

214
A. Moacyr Uchôa

imensidade de outros casos afins, ocorrentes dentro da própria conjuntura mundial, conforme indicamos:

a) Os operadores de Alexânia seriam seres de outra linha evolutiva, achando-se, agora, em nível etérico, físico, porém com o grande avanço científico e tecnológico do seu plano e, por isso, materializando-se facilmente quando quiserem. Realizariam a *superconsciência* e formariam parte de uma verdadeira coorte de seres da mesma natureza, interessados e atentos, no velar pela difícil condição humana atual, face ao perigo atômico ou por outros motivos. Atente-se para a primeira mensagem que deram e a que já nos referimos.

b) Esses operadores seriam da mesma linha humana, mas já teriam avançado além dessa condição humana, constituindo uma raça, ou melhor, uma "humanidade" ainda, para nós, invisível, de vez que já não necessitariam do corpo denso, em que nos encontramos. Seriam realizados, *avançados*, científica, técnica e espiritualmente de uma evolução pretérita, bem atrás da noite pressentida por nós, que haverá precedido o início e o desenvolvimento da humanidade atual.

c) Poderiam ser, ainda, esses operadores seres dessa mesma natureza, vivendo, como os já referidos anteriormente, nas outras dimensões em que se situa a superconsciência, mas seriam de *evolução não terrena*, de outro ou outros planetas do nosso sistema, ou de outros sistemas da nossa ou de outras galáxias, que, por motivos ignorados, se achem operando aqui, estabelecidos nesses níveis superiores etéricos de nossa vida planetária, provisória ou permanentemente. Teriam facilidade absoluta de deslocamentos e de quaisquer manifestações por disporem de recursos ainda incompreensíveis para a ciência humana, que lhes permitiram vir até nós, através de espaços mesmo quase infinitos.

4º) Ainda nestas apreciações finais, cumpre lembrar que nos referimos à indefinição, porém limitação do nosso Universo, segundo a afirmação relativista. Ora, a teoria da relatividade afirma e insiste no espaço curvo, possibilitando, assim, aquela limitação.

Já foi até sugerida a forma de um toro para esse espaço

curvo. Volume gerado por um círculo, de plano perpendicular ao de uma circunferência, cujo centro (o do círculo) percorresse toda essa circunferência, teria a forma da fig. 8. Sendo assim, viagens em curva, de um ponto a outro, supostas em linha reta, como de A para B, poderiam ser encurtadas. Atravessar-se-ia, porém, região fora do espaço da forma sugerida encurvada do toro, de C para D.

Poderíamos, então, pensar: essa região não-espacial do interior, como de C a D, e todo o ilimitado em que flutua e, talvez, em que se desloque esse espaço-curvo, limitado à forma desses toros ou outra qualquer, não constituiria exatamente o hiperespaço que inferimos dos dados objetivos da experimentação parapsicológica e sobre o qual nos detivemos na segunda e terceira partes do nosso livro *Além da Parapsicologia*?! Nesse hiperespaço seria tranquilamente superada a velocidade da luz, a qual no espaço em que nos situamos a três dimensões, dele plenamente conscientes, constitui o limite máximo de velocidade para qualquer objeto em deslocamento. Realmente, diz a relatividade, ao atingir esse limite, enfrentar-se-ia o *inconcebível da massa infinita numa concentração absoluta da extensão*. Então, o tempo também se contrairia, chegando a ser abolido nesse limite de velocidade!...

É que, a partir da velocidade da luz, no *hiperespaço*, em termos de duração, haveríamos de viver o *hipertempo*, por nós inferido em nossos estudos anteriores, deixando, assim, de existir o tempo que conhecemos...

Finalizando estas considerações, perguntaremos, em decorrência de uma informação de "suposto" interplanetário, transmitida telepaticamente, e que mantemos ainda em interrogação (?)...: "o que realmente acontecerá, quais as condições vigentes, quando a velocidade de um objeto atingir o ano ou os anos-luz-segundo? "Isso só é possível no hiperespaço? – Será verdade o que nos disseram?!

Tudo parece demasiadamente abstrato?! Sim, mas o espírito humano sempre e sempre tem-se afirmado construtivo, exatamente por sua capacidade de abstrair. Há que ir à frente, na vanguarda dos acontecimentos objetivos que se lhe vão apresentando em uma vivência de caminheiro de uma jornada cósmica, cujas origens se encontram, talvez, nos abismos da densidade maior da própria matéria, mas cujo fim se perde nas alturas infinitamente distantes que atraem o viajor incansável.

Esse hiperespaço, em que flutuariam os espaços de cada Universo, acessível a seres de hierarquias maiores, estaria já presente nas fenomenologias parapsicológica e ufológicas que apreciamos aqui?!... Ou seria coisa ainda não vigente em qualquer dos fenômenos até aqui observados e postos como problemas ao espírito humano? Estaria ainda em via de desvendar--se?

Ficando por aqui, perguntaremos: "Como, afinal, optar em tudo isso?"

Ficará ao critério do leitor, de sua simpatia pessoal, de sua lógica, de sua intuição.

Quanto a nós, repetindo em outros termos certa passagem de nosso livro anterior, recolhemo-nos humildes ao silêncio interior e aspiramos a que sempre possamos caminhar, caminhar, caminhar com segurança, conduzidos para cima, rumo à Suprema Verdade!

No Cosmos, o desfile dos Astros[1]

Nas moradas humanas é tudo repouso.
Cai a noite. O silêncio reinou sobre a Terra.
Se volvermos os olhos aos céus infinitos
Um luzeiro incontável, sem véu, se descerra.

Vemos astros e sóis flamejantes nos céus
Que seguidos por seus radiosos planetas
Rodopiam aos milhões nos profundos do espaço
Em desfile solene... Infinita ampulheta...

Busca em vão o telescópio em ronda nos céus
Um limite qualquer na amplidão do Universo.
Sucedendo-se aos mundos, são sempre mais mundos.
Sucedendo-se aos sóis, outros sóis são dispersos.

Multiplicam-se os astros em mil legiões
A tal ponto de se confundirem no espaço
Qual poeira brilhante no abismo infindável
Deste Cosmos que é Mãe a embalar no regaço...
Que recursos humanos usar pra expressar
Estes maravilhosos diamantes celestes?
Vinte vezes maior que o meu sol, lá está Sirius![2]
O meu sol? Um milhão vale em globos terrestres!...

---

1 Poema de autoria do filho de A. Moacyr Uchôa, composto em 1973, sob a inspiração deste livro que estava sendo escrito por seu pai que incluiu parte do poema,
nas edições anteriores desta obra.
2 Sirius – É a estrela Alpha da constelação do Cão Maior, distante 8,57 anos-luz
da Terra. É a mais brilhante do céu noturno e pode ser vista de qualquer ponto de
nosso planeta.

Aldebaran,[3] Procyon,[4] Vega,[5] Antares,[6] Capela,[7]
Sóis rosados, azuis, escarlates, dourados,
Sóis de opala e safira, vós que derramais
Na amplidão vossos raios de luz colorados;
Que fluindo a setenta mil léguas/segundo,
Sem barreiras, no vácuo, em mergulho profundo,
Só nos chegam milhares de anos depois...
Quanto a vós, nebulosas longínquas, quem sois?...

Oh! Galáxias, sóis, Universos, estrelas,
Vós que sois focos-luz de calor deslumbrante,
Que expandis energia de vida e poder,
Portentosas esferas imensas, brilhantes...

E vós, povos sem conta, raças siderais,
Seres, humanidades, que lá têm morada?
Nossa voz, muito fraca, proclama em vão
Todo o vosso esplendor numa noite estrelada...

Impotentes na voz, só nos resta o olhar
Que, em fascínio, em êxtase quase indizível,
Se integrando à harmonia solene do Cosmos,
O DESFILE DOS ASTROS contempla impassível...

Paulo Roberto Yog de Miranda Uchôa

---

3 Aldebaran – A estrela mais brilhante da constelação de Taurus. Está a 65,1 anos-luz da Terra, e sua luminosidade é 150 vezes superior à do Sol, o que a torna a décima terceira estrela mais brilhante do céu.

4 Procyon – A estrela mais brilhante da constelação de Cão Menor e a 8ª mais brilhante do céu.

5 Vega – A estrela mais brilhante da constelação de Lira (é a 5ª estrela mais brilhante do céu noturno, separada do nosso sistema solar por 25 anos-luz, o que a torna uma das estrelas mais próximas do nosso Sol).

6 Antares – É a estrela Alpha (a mais brilhante) da constelação do Escorpião. Raio de aproximadamente 800 vezes o raio do Sol; se fosse colocada no centro do Sistema Solar, sua parte mais externa se encontraria entre a órbita de Marte e Júpiter. Antares está a aproximadamente 600 anos-luz. Sua luminosidade é de 65000 vezes a solar.

7 Capela – é a estrela mais brilhante da constelação do Cocheiro e a sexta mais brilhante do céu.

Indicação bibliográfica

ADAMSK, George – *Inside The Space Ships* – ARCO Publications Limited, 1957, Londres.

AKSAKOF, Alexander – *Um Caso de Desmaterialização Parcial do Corpo de Um Médium.* FEB – Departamento Editorial.

AMADOU, Robert – *La Parapsicologia.* Editorial "PAIDOS" – Buenos Ayres.

ANDRADE, Ernani Guimarães – *Teoria Corpuscular do Espírito.* São Paulo, 1959.

_____. *Novos rumos à Experimentação Espirita.* Livraria BATUIRA. São Paulo.

ANDRÉ, Marc – *O Cientista e o Disco Voador* – 1969.

ARAÚJO, H. Ebcken – *Os Discos Voadores e a Teoria da Relatividade de Einstein* – 2ª Edição – Rio de Janeiro.

ARGENTIERI, R. – *Astronáutica* – Edições Pincal, São Paulo, 1957.

BATEMAN, F. Soal – *Telepatia - Experiências Modernas,* Trad. de Gontijo de Carvalho – IBRASA, São Paulo.

BAUGIN, Marcel – *Hipnotisme, Sugestion, Telepsychie.* La Diffusion Cientifique – Paris.

BERGSON, Henri – *L Energie Spirituelle.* Librairie Felix Alcan, Paris, 1932.

BERNSTEIN, Morey – *O Caso Bradley Murphy* – Editora "O Pensamento" – 2ª. edição – São Paulo.

BRADLEY, H. Denis – *Rumo às Estrelas* – Biblioteca de Estudos Psíquicos – São Paulo, 1939, Trad. de Monteiro Lobato.

BOZZANO, Ernesto – *Animismo e Espiritismo.* – FEB – Departamento Editorial.

_____. *Pensamento e Vontade.* Livraria Editora da FEB.

BROGLIE, Louis de – *Matière et lumière.* Editions Albin Michel – Paris.

BRUNTON, Paul – *La Busqueda del Yo Misterioso*. Editorial Kier S.A. Tradução de Gabriela Civiny.

CARDINALE, Quixe – *Das Galáxias aos Continentes Desaparecidos* – Hemus Livraria Editora Ltda., São Paulo, 1971.

CARRION, Felipe Machado – *Os Discos Voadores, Imprevisíveis e Conturbadores* – Gráfica S. Luiz, Porto Alegre RS.

CHARROUX, Robert – *História Desconhecida dos Homens* – Livraria Bertrand – Imprensa Portugal – Brasil.

CHKLOVSKJ – *Radioastronomia - Edition en Langues Etrangeres* – Moscou.

DÄNIKEN, Erich von – *De Volta às Estrelas* – Trad. de Else K. e Trude Solstein – Edições Melhoramentos, São Paulo.

_____. *Eram os Deuses Astronautas?* – Edições Melhoramentos.

DELANNE, Gabriel – *O Espiritismo Perante a Ciência*. FEB – Departamento Editorial.

_____. *Investigaciones Sobre La Mediunidade.* Editorial "Constância" – Buenos Ayres.

DAVIES, John Langdon – *O Homem e seu Universo*. Cia. Editora Nacional, São Paulo.

DINOTOS, Sabato – *A Antiguidade dos Discos Voadores*. São Paulo, 1967.

EINSTEIN, Albert e INFELD, Leopoldo – *A Evolução da Física* – Tradução de Monteiro Lobato. Companhia Editora Nacional – São Paulo

FERNANDEZ, José S. – *Metapsíquica, Parapsicologia - Neo-Espiritualismo* – Editorial "Constância" – Buenos Ayres, 1963.

FLAMMARION, Camille – *O Desconhecido e os Problemas Psíquicos* – Livraria da FEB – Rio.

FLAMMARION, Camille – *Les Forces Naturelles Inconues* – Ernest Flamarion. Edilcor – Paris, 1924.

GAMOW, George – *Nascimento e Morte do Sol*, Livraria Globo – Porto Alegre, 1944.

GIBIER, Paul – *O Espiritismo*. Tradução de Traumer. H. Gamier, Editor.

GRASSET, dr. J. – *L'Ocultisme - Hier et Aujourd'hui*. Coulet et Fils, Editeurs.

GURNEY, Gene – *Passeio no Espaço* – Gráfica Record, Rio de Janeiro.

HANSEL C. E. M. – *ESP - A Scientific Evaluation*, Charles Scribmeer's Sons New York.

HUXLEY, Aldous – *As Portas da Percepção: Céu e Inferno*. Editora Civilização Brasileira, 1957.

IMBASSAHY, Carlos – *Ciência Metapsíquica*. Edições "Mundo Espírita, Rio, 1944.

_____. *Hipóteses em Parapsicologia*. Editora "EGO", 1947.

A Parapsicologia e os Discos Voadores   221

INFELD, Leopold – *A Evolução da Física.* Tradução de Monteiro Lobato. Companhia Editora Nacional, São Paulo.

JINARAJADASA, Charles – *A Nova Humanidade de Intuição* – Lisboa, 1936.

KEYHOE, Donald – *A Verdade Sobre os Discos Voadores* – Livraria Clássica Brasileira S.A. – Rio de Janeiro.

KHOZIN, G. e REBROV, M. – *A Conquista da Lua*, Editora Saga – Rio de Janeiro.

KHON, Ernest von – (Compilador) – *Vieram os Deuses de Outras Estrelas?* – Trad. de Trude Solstein – Ed. Melhoramentos – S. Paulo.

KORSUNSKY, M. – *The Atomic Nucleus.* Publicação da "Foreign Languages House" – Moscow.

KRASPEDON, Dino – *Contato com os Discos Voadores*, Edit. S.A. São Paulo – S. Paulo.

LUZ, J. – *Sinfonia Sideral* – Editora da Livraria Globo – Porto Alegre.

LYRA, Alberto – *Mente ou Alma?* – Reis, Cardoso, Botelho, S. A. – São Paulo.

_____. *Parapsicologia, Psiquiatria e Religião*. Editora "Pensamento" Ltda. São Paulo.

LISBOA, Roberto – *Primeiros Passos em Metapsíquica.* Rio, 1947.

LOMBROSO, César – *Hipnotismo e Espiritismo.* Edição LAKE. São Paulo.

LIAPUNOR, Boris – *El Hombre y la Naturaleza* – Editora Progresso – Moscow.

LINS, Edmar – *Os Fantásticos Caminhos da Parapsicologia* – Ebrasa – Brasília.

NEVANLINA, Rolf – *Space, Time and Relativity.* Addison-Wesley Publishing Company.

PEREIRA, F. Cleto Nunes – *A Bíblia e os Discos Voadores* – Artes Gráficas Bisordi S.A. – São Paulo.

PEREIRA, Flávio A. – *O Livro Vermelho dos Discos Voadores* – Edições Florença Ltda. – São Paulo.

PUHARICH, Andrya – *Beyond Telepathy* - Darton, Longman S. Todd Ltda. – Londres.

PEREGO, Alberto – *L'Aviazione di Altri Planeti Opera Tra Noi* – Edizioni de Studi Aviazione Eletromagnética – Roma.

QUEVEDO, Oscar – *O que é a Parapsicologia?* Edições Loyola – S. Paulo.

_____. *As Forças Físicas da Mente* – Edições Loyola – 2 volumes – 1971.

QUIRINO, Luiz – *A Mulher que Falava com Marte* – Ed. Art.

RHINE, J. Bank – *El Nuevo Mundo de La Mente.* Editora "PAIDOS". Buenos Ayres.

RHINE, J. Bank e J. G. Pratt – *Parapsicologia*. Edição TROQUEL. Biblioteca "El Tema Del Hombre".

ROSSI. A. – *Num Disco Voador Visitei Outro Planeta*. Editora Nova Era Ltda. – São Paulo.

ROCHA, Hugo – *O Enigma dos Discos Voadores* - Tipografia AOV – Porto Alegre.

SCHRENCK-NOTZING, Albert Freiher von – *Problemas Básicos de Parapsicologia* – Edições Troquel – Buenos Ayres.

SUDRÉ, René – *Tratado de Parapsicologia* – Rio de Janeiro.

SIMÕES, Auriphebo Berrance – *Os Discos Voadores* – Edart Liv. Editora Ltda. – São Paulo.

UBALDI, Pietro – *A Grande Síntese* – Tradução de Guillon.

UCHÔA, A. Moacyr – *Além da Parapsicologia*. Editora de Brasília S.A. 2ª edição – 1971.

VASILIEV, L. L. – *Los Misteriosos Fenômenos de la Psiques Humana*. Editora Platinas – Stilcograf – Tradução de Ziammi de Constantini.

WILLIAM CROOKES – *Fatos Espíritas*. Livraria da FEB. Tradução de Oscar d'Argonnel.

WILLIAM WALKER ATKINSON – *Magia Mental*. Empresa Editora "O Pensamento" 1929.

UFOs,
Espiritualidade e Reencarnação
MARCO ANTONIO PETIT
ISBN 85-7618-040-5
14x21cm – 192 p.

Depois de investigar durante quase três décadas o fenômeno UFO, buscando as evidências da presença de representantes de avançadas civilizações extraplanetárias no passado pré-histórico, histórico e no presente, que permitiram ao autor desenvolver sua teoria sobre a origem extraterrestre de nossa humanidade, defendida e divulgada em seus três livros anteriores, Petit apresenta de maneira clara e objetiva o relacionamento existente entre a presença dos extraterrestres e a evolução espiritual de nossa humanidade.

Além de apresentar evidências definitivas da própria existência do fenômeno dos discos voadores, relacionadas com os primórdios da investigação ufológica nos EUA, revelar os detalhes do caso Varginha, do qual participou como um dos principais investigadores, tendo acesso direto à testemunhas militares e civis, revela de maneira surpreendente tudo que os norte-americanos descobriram em Marte a partir de suas missões espaciais.

Mais o ponto alto desta obra é sem dúvida o resultado de suas incursões mais recentes dentro da área da espiritualidade, desenvolvidas mediante uma série de experiências pessoais, algumas vivenciadas durante o próprio desenvolvimento da parte final desta obra.

Pela primeira vez estão sendo revelados finalmente os objetivos que estão por trás das sucessivas intervenções extraterrestres na estrutura genética de nossa humanidade, realizadas através dos abduzidos, relacionados ao despertar espiritual de nossa humanidade. Depois de ler este livro o leitor não será mais o mesmo.

A PARAPSICOLOGIA E OS DISCOS VOADORES
foi confeccionado em impressão digital, em setembro de 2023
Conhecimento Editorial Ltda
(19) 3451-5440 — conhecimento@edconhecimento.com.br
Impresso em Luxcream 80g. - StoraEnso